Eva Exner

Köstliche Fisch-Gerichte

von einfach bis raffiniert
Wichtiges über
Einkauf und Zubereitung

GU
Gräfe und Unzer

Umschlag-Vorderseite
Die Dorade ist ein sehr aromatischer Mittelmeerfisch. Sie schmeckt gegrillt und mit Gemüse-Krabben-Beilage einfach köstlich. Rezept Seite 42.
2. Umschlagseite
Kenner schätzen pochierten Fisch. Besonders delikat gelingen zarte Fischarten wie diese Schollenfilets in Orangensauce. Rezept Seite 26.
3. Umschlagseite
Eine beliebte Spezialität ist das Florentiner Fischfilet, denn Fisch, Spinat und Käse ergänzen sich vortrefflich. Rezept Seite 46.

Farbfotos: Susi und Pete A. Eising: Seite 38,
alle übrigen Farbfotos: Fotostudio Teubner

CIP-Kurztitelaufnahme der Deutschen Bibliothek

Exner, Eva

Köstliche Fisch-Gerichte: von einfach bis raffiniert; Wichtiges über Einkauf u. Zubereitung / Eva Exner. – 4. Aufl. - München: Gräfe und Unzer, 1990.

ISBN 3-7742-1815-3

4. Auflage 1990

Redaktion: Antje Schunka-Späth
Herstellung: Monika Gerretz
Zeichnungen: Gerlind Bruhn
Umschlaggestaltung: Heinz Kraxenberger
Satz und Druck: Appl, Wemding
Bindung: R. Oldenbourg

ISBN 3-7742-1815-3

Eva Exner
begann als Journalistin beim Feuilleton einer Tageszeitung, wechselte aber schon nach wenigen Jahren zur »Frauen«-Redaktion einer Wochenzeitschrift. Durch die theoretische Beschäftigung mit dem Kochlöffel wurde Kochen bald zu ihrem Hobby. Da war es dann kein Wunder, daß sich die Kombination von Küche und Journalismus in – inzwischen rund 20 – Koch- und Diätbüchern manifestierte. Ihr erfolgreichstes ist das Kochbuch zum Römertopf (über fünf Millionen Auflage), ein anderes wurde mit einer Silbermedaille der Gastronomischen Akademie Deutschlands ausgezeichnet.
Eva Exner lebt in Nürnberg. Ihre besondere Liebe gilt heute der vernünftigen und wohlschmeckenden Natur-Küche.

Sie finden in diesem Buch

Ein Wort zuvor

Fisch ist etwas ganz Besonderes, und erfreulicherweise nimmt seine Beliebtheit bei uns heute wieder zu. Auch Leute, die nicht an der Küste wohnen oder passionierte Angler sind, beginnen ihre Vorliebe für Fisch zu entdecken. Laut Auskunft des deutschen Fisch-Institutes ist der Pro-Kopf-Verbrauch an Fisch in den letzten Jahren enorm gestiegen.

Drei Gründe sind es wohl, die uns die großen und kleinen Fische aus Fluß, See und Meer sympathisch machen: Das Marktangebot wird immer vielfältiger, und dank modernster Technik kann Frische garantiert werden. Wir probieren auf unseren Reisen in vielen Landesküchen köstliche Fischgerichte. Zum Dritten – und das verdanken wir der Neuen Küche – haben wir heute gelernt, Fisch so zu garen, daß sein Fleisch unvergleichlich zart bleibt und sein feines Aroma, durch Gewürze nur sparsam unterstrichen, voll zur Geltung kommt.

Wenn Sie noch kein Fischfan sind, weil Sie vielleicht meinen, daß Fisch eher etwas langweilig schmeckt und meist trocken ist, werden Sie überrascht sein, wenn Sie nach den Rezepten dieses neuen Küchen-Ratgebers ein Fischgericht zubereitet haben und genießen. Ich habe für Sie meine besten Rezepte aufgeschrieben: erprobte Gerichte für alle Tage wie für festliche Anlässe, Neues und Traditionelles, das besonders gut schmeckt. »Unter den Händen eines geschickten Kochs kann der Fisch zu einer unversiegbaren Quelle geschmacklicher Genüsse werden«, sagte schon vor fast 200 Jahren der Schriftsteller und Feinschmecker Brillat-Savarin. Und in allen Küchen der Welt wurden und werden raffinierte und einfache Fischgerichte geschätzt. Einige besonders beliebte Spezialitäten wie etwa die »Königin der Fischsuppen«, die Bouillabaisse, finden Sie unter meinen Rezepten. Die brillanten Farbfotos zeigen die köstliche Vielfalt und sind schon optisch ein Genuß.

Richtig zubereitet ist Fisch nicht nur ein kulinarischer Genuß, sondern auch von großem gesundheitlichem Wert. Fischfleisch ist eiweiß-, mineralstoff- und vitaminreich und sollte daher möglichst oft auf unserem Speisezettel stehen. Dabei muß es nicht immer nur der altbekannte Kabeljau oder Rotbarsch oder bei den Süßwasserfischen nur Forelle sein. Für meine Rezepte habe ich Fischarten ausgewählt, die überall im deutschen Sprachraum (je nach Saison) zu bekommen sind. Dazu gebe ich in den kurzen Steckbriefen Tips, welche Sorten Sie statt der im Rezept vorgeschlagenen ebenso köstlich zubereiten können. Doch vor dem Garen kommen der Einkauf und die Vorbereitung, die gerade bei Fisch sehr wichtig ist. Was Sie darüber wissen müssen, finden Sie kurz und übersichtlich, durch praktische Zeichnungen erläutert, im Kapitel »Wissenswertes über Fisch«. Wenn Sie meine Ratschläge befolgen, ist es bestimmt ganz leicht, Fisch perfekt zuzubereiten –, auch für Ungeübte.

Die Rezeptkapitel sind fast alle nach Garmethoden geordnet. Auch hier gibt es viele Tips, die Ihnen helfen. »Schmökern« Sie in den Rezepten und gehen Sie dann ans Einkaufen, das durchaus zum Hobby werden kann, wenn man Bescheid weiß. Nützen Sie preisgünstige Angebote und probieren Sie auch für unseren Kochtopf neu »entdeckte« Fischarten. Haben Sie Mut zum Experimentieren. Wenn Sie die Grundregeln beachten, wird alles problemlos gelingen, und Sie werden Fisch bald genau so gerne mögen wie ich.

Sie finden bei den Rezepten Angaben über Zubereitungszeit, Joule- und Kalorienwert. Bitte denken Sie daran, daß dies nur Anhaltspunkte sein können, weil zum ersten das Arbeitstempo individuell verschieden ist, zum anderen der Nährwert der Fische je nach Art (fetter oder magerer) und der übrigen Zutaten schwankt.

Ob Sie »Ihren« Fisch nun pochieren, fritieren, marinieren . . ., aus der Pfanne oder als Suppe servieren wollen, ich wünsche Ihnen dazu den allerbesten Appetit!

Ihre Eva Exner

Wissenswertes über Fisch

Vom richtigen Einkauf

Wir alle haben Fisch schon fangfrisch gegessen – an irgendeiner Meeresküste oder auch eben geangelt – und wissen, wie köstlich er schmecken kann. Der »Fischgeschmack«, der manchem die Freude daran nimmt, fehlt hier völlig. Frischer Fisch schmeckt nur ganz einfach nach Meer und Frische, ist leicht, dezent und doch aromatisch. Er verlangt nur minimale Garzeiten und nimmt überwürzende Zutaten übel.

Seefisch wird heute auch im Binnenland stets erfreulich frisch angeboten – nicht nur im (oft zeitraubend zu erreichenden) Fachgeschäft. Kaufen Sie ihn in den Spezialabteilungen guter Kaufhäuser, im Supermarkt oder auch im klug geführten kleinen Lebensmittelgeschäft. Hier allerdings wird meist nur einmal in der Woche geliefert. Es lohnt sich, diesen Tag zu kennen, dann einzukaufen und den Fisch sofort zuzubereiten.

Fischtag muß nicht immer der Freitag sein! Viel wichtiger ist es, die Feinen aus Meer, Fluß und See möglichst fangfrisch zu servieren.

Nicht zu jeder Zeit sind alle Fischarten im Einzelhandel zu bekommen. Das liegt teilweise an den unterschiedlichen Laichzeiten: Das Ablaichen kostet Männchen wie auch Weibchen viel Kraft und läßt sie abmagern. Sie müssen sich danach erst wieder erholen. Bei Seefischen spielt auch die Witterung eine Rolle oder festgesetzte Fangbeschränkungen in bestimmten Gebieten.

Folgen Sie deshalb dem fachlichen Rat des Kaufmanns und probieren Sie auch einmal ungewohnte Fischarten aus, wenn sie gerade in großen Mengen angeliefert werden und deshalb preiswert sind. Es muß nicht immer Rotbarsch (ein wenig »overdressed« auch Goldbarsch genannt) sein, der in der Regel am teuersten, weil am knappsten ist.

Wichtig beim Fischeinkauf:

- Erkennen Sie den Zustand des Fischs mit Nase und Augen. Frischer Fisch darf nicht riechen! Er hat glänzende Augen und glatte, fest anhaftende Schuppen. Bitten Sie im Zweifelsfall den Verkäufer, kurz auf das Fischfleisch zu drücken. Es muß fest und elastisch sein. Bleiben Vertiefungen zurück, verzichten Sie!
- Je nachdem, wie Sie Ihren Fisch zubereiten wollen, können Sie das Ausnehmen und eventuell Abziehen schon beim Fischhändler machen lassen. Näheres dazu auf Seite 7.
- Bei Fisch, der blau gekocht werden soll (siehe Seite 14), darf die Schleimschicht auf der Haut nicht verletzt werden. Der gute Verkäufer wickelt solche Fische deshalb gleich in feuchtes Papier einzeln ein.
- Pro Person rechnet man folgende Mengen: je 200–250 g eßbaren Anteil für ein Hauptgericht, etwa 125 g für eine Vorspeise. Wird Fisch im ganzen, also mit Kopf, Schwanz und Gräten eingekauft, müssen Sie den Abfall berücksichtigen und die doppelte Menge nehmen.

Wie gut ist Gefrierfisch?

Unterscheiden wir zuerst einmal zwischen schon auf dem Meer tiefgefrorener Ware, die Sie in der Kühltruhe Ihres Händlers finden (»Seegefrostet« steht auf der Packung), und sogenannter »Auftauware«, die der Einzelhändler im Block gefroren bezieht und selbst auftaut.

Diese Auftauware muß sehr schnell verbraucht werden, weil sich in kurzer Zeit die Qualität durch den Abbau von Vitaminen, Spurenelementen, Mineralstoffen und Eiweiß (und damit der Eigengeschmack) verändert. Sofort, auf jeden Fall aber am gleichen Tag, in der Küche verarbeitet und gegessen, ist diese Ware meist geschmacksfrisch und gut.

Doch leider geht oft aus der Kennzeichnung nicht hervor, daß es sich um aufgetauten Fisch handelt, und Sie bereiten ihn also zu Hause nicht sofort zu. Oder der Fisch liegt aufgetaut schon Tage in der Fischtheke des Händlers. Beides beeinträchtigt außer der ernährungsphysiologischen Qualität auch den Geschmack – wir haben wenig Freude am Fischgericht. Dazu kommt noch die Gefahr, daß diese Auftauware vom Einzelhändler aus Überständen selbst (und nicht immer fachmännisch) eingefroren wurde. Diese Ware entspricht unseren Anforderungen kaum. Seien Sie deshalb skeptisch, wenn lose angebotener, aufgetauter oder gefrorener Fisch mit sehr niedrigem Preis verlocken will!

Für seegefrostete Tiefkühlware in der Packung wurden die Fische auf den speziellen Fangschiffen sofort nach dem Schlachten bei minus 40 Grad schockgefrostet. Dieser Fisch riecht beim Zubereiten kaum und ist geschmacksneutral. Allerdings werden auch hier oft entweder zu lange oder falsch gelagerte Sonderposten angeboten. Achten Sie deshalb besonders bei Fisch auf die Frischegarantie auf der Tiefkühlpackung. Ein Merkmal, an dem Sie die falsche Lagerung erkennen, ist sehr starke Eisbildung in der Kühltruhe des Kaufmanns.

Auch Produkte von unbekannten Anbietern können (müssen aber nicht) erstklassig sein, während Markenfirmen auf ihr Image und deshalb auf gleichbleibende Qualität achten müssen.

Ein weiterer Nachteil bei tiefgefrorenem Fisch aus der Packung: Er ist häufig vorbereitet und gewürzt, was dem echten Feinschmecker bei der Zubereitung Grenzen setzt.

Wenn Sie aus Gefrierfisch nach meinen Rezepten wohlschmeckende Gerichte zubereiten wollen, sollten Sie mit Gewürzen nachhelfen, um die meist durchs Tiefgefrieren entstandenen kleinen Aroma-Veränderungen zu überdecken. Wählen Sie Rezeptvorschläge, in denen reichlich Gewürze und Kräuter angegeben sind, säuern Sie den Sud kräftiger als gewöhnlich. Für Zubereitungen, die ganz auf das subtile Eigenaroma des Fischs zugeschnitten sind, sollten Sie immer frischen Fisch verwenden.

Gefrierfisch sollte nach dem Einkauf bis zum Verbrauch zu Hause oder zum Weiterlagern in Ihrem Gefriergerät in einer Thermostasche liegen oder in mehrere Lagen Zeitungspapier, das Temperaturen gut isoliert, gewickelt sein.

Wichtig: Tiefkühlfisch darf nach dem Auftauen keinesfalls wieder eingefroren werden!

Schadstoffe im Speisefisch?

Immer wieder und mit jedem Tag eindringlicher wird auf die Gefährdung der Meere hingewiesen – und in diesem Zusammenhang auf die immer stärkere Belastung von Speisefisch mit Umweltgiften. Doch, wie Fachleute versichern, ist diese Gefahr durchaus nicht bedrohlich.

Unser Seefisch wird fast ausschließlich aus Fanggebieten vor Grönland, Labrador und Nordnorwegen mit Kühlschiffen herangeholt, Gebieten also, die von Industrieschadstoffen weitgehend unbeeinflußt sind. Deshalb ist seine Belastung durch Umweltgifte viel geringer als bei allen anderen Lebensmitteln, die aus unseren Breiten kommen. Zudem sind die Fischerei wie auch der Fachhandel bestrebt, nur gesunde Fänge anzuliefern, weil die Kontrollen aller Fische vor jeder Auktion durch die staatlichen Veterinäre besonders streng sind. Jeder »zweifelhafte« Fang wird beanstandet, ja beschlagnahmt.

Bei Süßwasserfischen gelten ähnlich strenge Bestimmungen, um den Verbraucher vor Schadstoffen zu schützen. Bei Fischwirten mit kleinen Teichen und Seen, deren Erzeugnisse oft nicht durch die öffentliche Kontrolle gehen, muß man sich allerdings auf die persönliche Vertrauenswürdigkeit verlassen. Garantie gibt es hier nicht.

Fisch richtig aufbewahren

Fisch sollte immer sofort verbraucht werden. Je frischer er ist, desto besser wird er schmecken.

Sie dürfen Fisch aber bis zu 24 Stunden im Kühlschrank aufbewahren. Dazu wird er ungeschuppt und – falls noch nicht geschehen – unausgenommen in angefeuchtetes Pergamentpapier oder ein Essigtuch eingeschlagen.

Kenner frieren gekauften Fisch keinesfalls selbst ein, da ein Aromaverlust dabei fast unvermeidlich ist. Die einzige Ausnahme: Wenn Fisch entweder selbst gefangen oder von befreundeten Anglern ganz frisch übernommen wurde, können Sie ihn selbst einfrieren.

Die Fische werden dazu sehr sorgfältig vorbereitet, also ausgenommen, unter fließendem, kaltem Wasser abgespült und trockengetupft, ohne daß man dabei die Haut verletzt. Große Fische sollten Sie am besten gleich vor dem Einfrieren in Portionen zerteilen. Wenn Sie genug Platz im Tiefkühlgerät haben, sollten Sie diese »Profi«-Methode anwenden: Den vorbereiteten Fisch unverpackt auf einer Platte rund 3 Stunden ins Vorgefrierfach legen, dann kurz in kaltes Wasser tauchen; es bildet sich eine dünne Eisschicht, die das zarte Fischfleisch während des Tiefkühlschlafs saftig erhält. Nun wird sehr gut verpackt und in der Kälte gelagert.

Das Vorbereiten von Fisch

Große Seefische wie Rotbarsch, Kabeljau, Schellfisch, Seelachs, Heilbutt sind meist schon vor der Anlieferung an den Einzelhändler küchenfertig vorbereitet worden; die Köpfe sind abgetrennt, die Eingeweide herausgenommen. Kleinere Seefische, zum Beispiel Hering, Makrele, Wittling, Scholle, Seezunge, werden im Handel mit Kopf angeboten. Süßwasserfische, die der Händler meist lebend im Bassin hält, werden frisch geschlachtet, oder sind zumindest vielfach noch nicht ausgenommen. Erfreulicherweise ist es aber in Fachgeschäften und Fachabteilungen der Kaufhäuser üblich, der Kundschaft die Fische küchenfertig herzurichten.

Einige Ausnahmen allerdings empfehlen den Einkauf der Fische mit Kopf, so zum Beispiel, wenn Sie eine Fischsuppe zubereiten wollen, wozu Köpfe wie auch andere nicht eßbare Fischteile unerläßlich sind, oder wenn Sie Fische im ganzen garen wollen. In diesen Fällen lassen Sie den Fisch beim Händler nur ausnehmen.

Das Säubern

Bei Fisch, der im ganzen gegart werden soll, schneiden Sie mit einer kräftigen Küchenschere Rücken-, Seiten- und Bauchflossen dicht am Körper ab. Wenn Sie das lieber mögen, wird auch gleich noch mit einem scharfen Messer der Kopf abgetrennt.

Meist wird der Fisch beim Einkauf nicht so gut gesäubert, wie wir es uns wünschen: Schneiden Sie also die Bauchöffnung noch etwa 2 cm weiter auf. Stechen Sie am Ende des Einschnitts mit der Spitze der Küchenschere durch die ange-

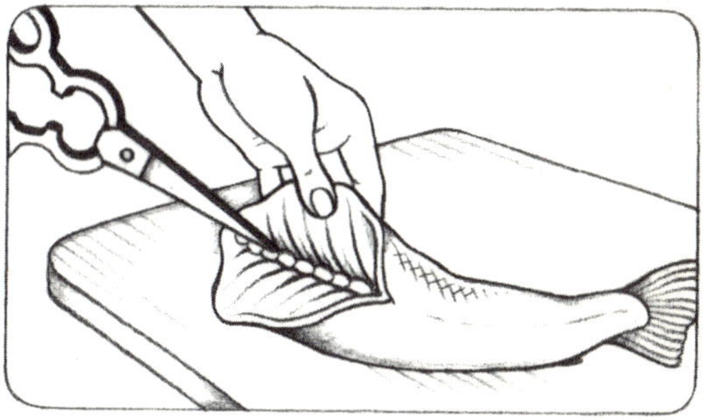

Mit Hilfe der Küchenschere läßt sich die Haut in der Bauchhöhle ganz leicht ablösen.

wachsene Haut bis an das Rückgrat, die Mittelgräte, und reißen Sie diese Haut bis zum Kopfende auf. Nicht gelöste Hautteile werden so weit wie möglich abgeschnitten. Die dünne dunkle Haut innen an den Bauchlappen kann nun unter fließendem, kaltem Wasser leicht mit den Fingern abgezogen werden.

Fisch wird vor der Zubereitung immer unter fließendem, kaltem Wasser innen und außen gut abgespült. Dabei sämtliche Blutreste aus der Bauchhöhle entfernen. Den Fisch anschließend mit Küchenpapier trockentupfen oder in ein Sieb zum Abtrocknen legen.

Fische, die in Scheiben geschnitten werden sollen, säubert man genauso.

Sonderfall Scholle: Scholle wird oft im ganzen besonders preisgünstig angeboten. Sie küchenfertig vorzubereiten ist ganz einfach. Vom ausgenommenen Fisch den Kopf mit scharfem Messer oder Küchenschere dicht am Ansatz abschneiden. Die Flossen vom Schwanz zum Kopf abschneiden, dabei den an der »flachen« Seite am Kopfende befindlichen »Dorn« mit entfernen. Die dunkle Hautseite nicht abkratzen, da durch das Aufreißen der Poren Nährstoffe und aromatischer Saft verlorengehen. Die Blutbahn in der Bauchhöhle entlang der Mittelgräte unter fließendem Wasser mit dem Zeigefinger ausdrücken und gründlich ausspülen.

Das Schuppen

In der modernen Küche wird Fisch, den man sieden oder dünsten will, möglichst nicht geschuppt, weil durch die dabei leicht entstehenden Verletzungen der Hautoberfläche Gewebeflüssigkeit austritt, die wertvolle Nährstoffe und Aroma enthält. Die Haut wird hier normalerweise nicht mitgegessen. Wer die Haut mitessen möchte, muß auch vor dem Dünsten den Fisch schuppen. Fische, die gebraten oder gebacken werden sollen, müssen Sie immer vor der Zubereitung schuppen, da die Haut mitgegessen wird.

Seefische mit starkem Schuppenkleid, das entfernt werden muß, sind Rotbarsch, Schellfisch, Seelachs, Hering. Die Seezunge muß sogar völlig abgezogen werden, weil ihre Haut zu fest ist. Das aber besorgt immer der Händler.

Bei den Süßwasserfischen müssen Schuppenkarpfen, Hecht, Zander, Barsch, Blei und Rotauge geschuppt werden. Bei den Steckbriefen der Fische (Seite 15–20) ist das jeweils vermerkt.

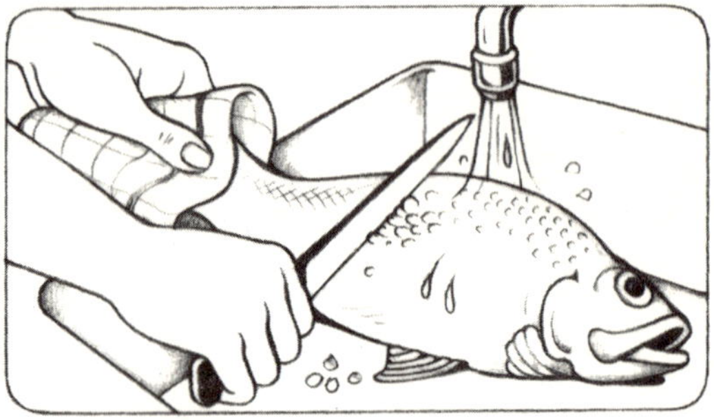

Halten Sie den Fisch mit dem Tuch am Schwanz sehr gut fest, wenn Sie ihn schuppen müssen.

Wenn Sie den Fisch schon geschuppt kaufen und es ist nicht so gründlich geschehen, wie Sie es sich wünschen, gehen Sie so vor: Den Fisch am Schwanz festhalten (mit einem Küchentuch) und mit einem großen, scharfen Messer in leichter Schräghaltung die Schuppen vom Schwanz zum Kopf unter fließendem, kaltem Wasser abschaben. Das Wasser verhindert das Umherspritzen der Schuppen.

Heilbutt, in Weinsud gegart, wird mit einer raffinierten Buttersauce zum Genuß. Rezept Seite 22. Reis paßt als Beilage gut dazu. ▷

Das Filetieren

Bei Seefischen ist das Filetieren (oder Filieren) fast nie nötig, denn Filets werden immer fertig angeboten. Bei Süßwasserfischen müssen Sie es selbst machen, doch das ist gar nicht schwer: Der Fisch (ohne Kopf und ausgenommen) wird mit einer Seite auf die Arbeitsplatte gelegt. Nun wird das Filet mit einem scharfen Messer vom Kopf- zum Schwanzende, so dicht an der Mittelgräte wie möglich, abgelöst. Den Fisch umdrehen und in gleicher Weise, jedoch vom Schwanz zum Kopf, die andere Seite filetieren.

Bei einem Fischstück geht es noch einfacher: Auf beiden Seiten an den Rückengräten entlang einschneiden; an den Gräten entlang mit dem Messer nach außen fahren und so das Fleisch von den Bauchgräten lösen.

Zum Enthäuten die Filets oder Filetstücke mit der Haut nach unten auf die Arbeitsplatte legen und zwischen Haut und Fleisch etwas einschneiden. Die Haut dann festhalten und das Filet mit dem Messer, das leicht schräg gehalten wird, vorsichtig sägend-schiebend ablösen.

Sonderfall Seezunge: Seezungenfilets werden nur selten und dann teuer angeboten. Es lohnt sich, ganze Fische zu kaufen. Lassen Sie die Seezunge schon beim Händler abziehen. Schwanz- und Seitenflossen brauchen nicht abgeschnitten werden. Schneiden Sie mit dem scharfen Messer entlang der ganzen Mittelgräte ein. Fahren Sie dann mit der Klinge auf den Gräten nach außen – so lösen sich die Filets. Noch verbliebene Stützgräten trennt man mit dem leicht schräg angesetzten Messer ab.

◁ Zander ist an sich schon eine Delikatesse. Mit würziger Farce gefüllt, kann er Mittelpunkt eines festlichen Menüs sein. Rezept Seite 22.

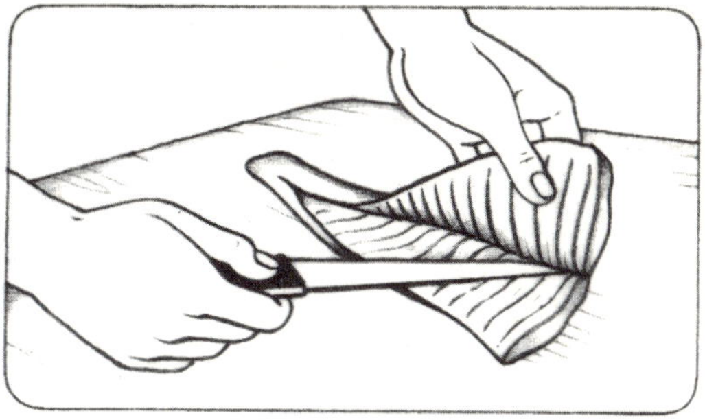

Das Messer muß scharf und spitz sein, damit die Filets möglichst sauber abgetrennt werden können.

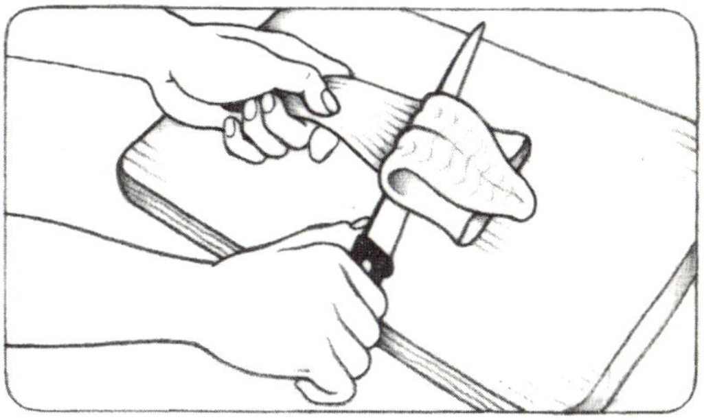

Beim Enthäuten fährt man mit dem leicht schräg gehaltenen Messer vorsichtig sägend-schiebend unter der Haut entlang.

Das Füllen ganzer Fische

Unausgenommene Fische, zum Beispiel Makrelen, werden so vorbereitet: Den Fisch flach auf die Arbeitsplatte legen. Beidseitig neben den Rückenflossen vom Kopf bis zum Schwanz etwa 1 cm tief einschneiden. Jetzt lassen sich die Rükkenflossen mit der Mittelgräte herausziehen (siehe Zeichnungen Seite 12). Den Fisch »von oben« vorsichtig ausnehmen und die Kiemen entfernen.

Ausgenommene Fische, zum Beispiel Forellen, werden so vorbereitet: Den Fisch flach auf die Arbeitsplatte legen und beidseitig neben den Rückenflossen vom Kopf bis zum Schwanz aufschneiden. Das Messer fährt dabei an den Gräten entlang nach außen, bis das Fleisch abgelöst ist. Dann die Mittelgräte direkt am Kopf und am Schwanz durchschneiden und herausnehmen. Zum Entfernen feiner Gräten mit einem Löffel oder dem Messerrücken innen an den Seiten von vorne nach hinten entlangfahren. Die so aufgerichteten Gräten mit einer Pinzette oder mit den Fingern herausziehen.

Den Fisch unter fließendem, kaltem Wasser gründlich ab- und ausspülen. Die Bauchseite zunähen oder mit Holzstäbchen zustecken. Den

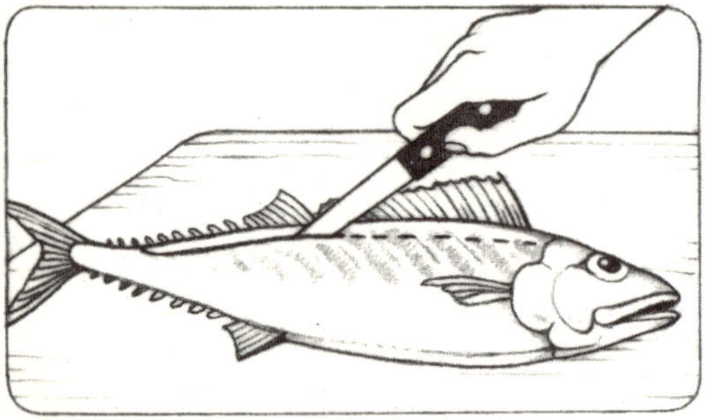

Eine weniger bekannte, aber sehr praktische Methode, wenn Sie Fisch mit einer Farce füllen wollen.

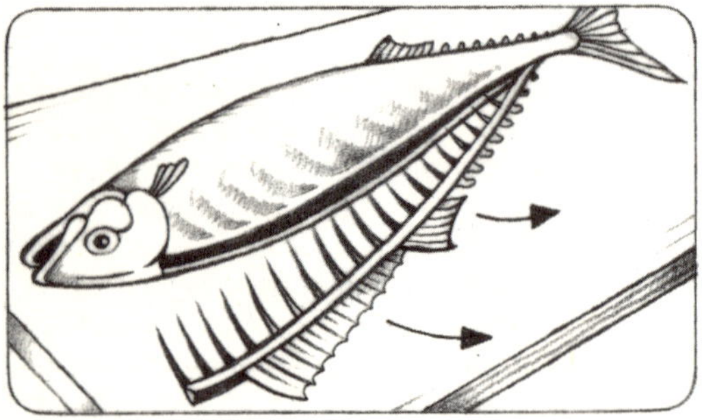

Ist die Mittelgräte entfernt, kann der Fisch gleich durch die Rückenöffnung ausgenommen werden.

Fisch von der Rückenöffnung her mit einer beliebigen Farce (Rezepte Seite 39) füllen. Den Rücken ebenfalls zunähen oder zustecken.

Übrigens bei allen Fischen, die im ganzen gegart werden sollen, können Sie die Mittelgräte wie beim nebenstehend beschriebenen Beispiel Forelle herauslösen. Es erleichtert das Zerlegen bei Tisch. Auch sind dann zugleich schon die meisten Gräten entfernt.

Die unerläßlichen drei »S«

Der klassische Spruch für die Vorbereitung von Fisch ist: Säubern, säuern, salzen.

- Der fertig vorbereitete Fisch wird kurz unter fließendem, kaltem Wasser gewaschen. Bei ganzen Fischen dabei innen und außen mit der Hand nachhelfen. Sofort mit Küchenpapier trokkentupfen oder zum Abtropfen in ein Sieb legen. Fisch darf keinesfalls im Wasser liegenbleiben – er verliert sonst an Geschmack!
- Das Säuern ist wichtig – es festigt das Fischfleisch und verbessert den Geschmack. Wir nehmen Zitronensaft oder besten Weinessig. Da wenige Tropfen genügen, sollten Sie auch einmal mit edlem Kräuter-, Sherry- oder sogar Himbeeressig experimentieren. Lassen Sie den Zitronensaft oder Essig nach Möglichkeit 15–30 Minuten einziehen.
- Vom klassischen Muß der Fischküche stellen Kenner das Salzen zurück, wenn Fischfilet verarbeitet wird. Salz entzieht dem Fischfleisch zuviel Saft. Sie können eventuell die Panade leicht salzen. Ganze Fische jedoch innen und außen sorgfältig mit Salz einreiben.

Die »fischgerechte« Zubereitung

Nichts ist leichter, als das Zubereiten von Fisch! Doch weil gerade die an sich schlichtesten Verrichtungen das strikte Beachten der Grundregeln verlangen und Fehler besonders übelnehmen, wird Fisch nur zu oft weit unter seinem kulinarischen Wert auf den Tisch gebracht. Das Fazit: Fisch garen ist leicht, doch die Grundregeln sind sehr wichtig!

Zuerst einmal sollten Sie immer daran denken, daß Fischfleisch reichlich hochwertiges, aber auch empfindlichstes Eiweiß enthält. Dieses Eiweiß nimmt starke Hitze sehr übel. Es wird dadurch fest und trocken. Fisch muß deshalb in der Pfanne entweder von Panade umhüllt – die man eventuell vor dem Essen entfernen kann – oder bei nur schwacher Hitze gebraten werden. Das gleiche gilt für die Zubereitungen im Ofen. Soll Fisch im Sud gegart werden, darf er nur ziehen, nicht kochen. Im Zuge unserer Rückkehr zur natürlichen Küche wird Fisch immer häufiger nur noch mit minimaler Flüssigkeitszugabe im eigenen Saft geschmort. Auch die Garzeit darf keinesfalls zu lange bemessen sein.

Ebenso wichtig ist es, das subtile Eigenaroma der meisten Fischarten nicht durch Gewürze zu überdecken oder durch allzu »geschmackskompakte« Zutaten zu verfremden.

Merke: Für Fisch ist bei der Hitze wie bei der Würze weniger = mehr.

Die Rezeptkapitel dieses Küchen-Ratgebers sind (bis auf den Hering als Sonderfall) nach Zubereitungsarten eingeteilt, so daß ich mich im folgenden auf die wesentlichen Punkte beschränken kann. Einzelheiten lesen Sie im Einleitungstext zum jeweiligen Kapitel. Für alle Methoden wird der Fisch zunächst nach meinen Ratschlägen im Abschnitt »Das Vorbereiten von Fisch« (Seite 7–12) küchenfertig gemacht.

Das *Braten* geht am schnellsten. Verwenden Sie dazu entweder Fischfilets oder -scheiben oder auch kleinere Fische im ganzen. Der Fisch muß sehr gut trockengetupft werden, weil sonst das Fett spritzt und verwässert; der Fisch schmort dann mehr, als er brät. Nehmen Sie eventuell mehrere Pfannen, damit alle Portionen gleichzeitig sofort serviert werden können.

Das *Grillen* von Fisch wird immer beliebter, wobei sich die fetteren Fischarten am besten eignen, weil ja ohne weitere Fettzugabe gegart wird. Die Grillhitze sollte nicht zu stark sein, damit das Fischfleisch nicht austrocknet. Wählt man magere Fische, so werden sie während des Grillens öfter mit (meist gewürztem) Öl bepinselt. Ich empfehle, Fisch zum Grillen in Alufolie oder Pergamentpapier zu packen und so auf den Rost zu legen. Eine Ausnahme ist der robustere Hering.

Das *Garen im Backofen* ist die ideale Methode für große ganze Fische, aber auch für alle Arten von Eintöpfen und Aufläufen. Es wird mit wenig Flüssigkeit und meist unter Zugabe von Gemüse im geschlossenen Gefäß auf der Mittelschiene gedünstet oder in der offenen Form gebacken.

Mein Tip Wenn Sie Fisch im Backofen nicht nach meinen Rezepten in diesem Küchen-Ratgeber, sondern nach Ihren eigenen Ideen zubereiten wollen, muß unbedingt darauf geachtet werden, daß die Zugaben in der gleichen Zeit gar sind wie der Fisch. Gemüse also eventuell vorgaren.

Herzhaft schmeckt es, wenn der Fisch mit fettem oder durchwachsenem Räucherspeck gespickt oder mit Speckscheiben bedeckt wird. Man kann ihn aber auch kurz vor Ende der Garzeit mit Semmelbröseln, Käse oder anderem bestreuen und überkrusten.

Besonders aromatisch und zart gelingt Fisch in der *Folie*. Ob Sie Alufolie oder Pergamentpapier verwenden: es kommt darauf an, daß die Päckchen sehr gut verschlossen werden! Der Fisch bildet bei dieser Garmethode viel vorzüglichen Saft, der unbedingt erhalten bleiben muß, wenn das Gericht vollendet gelingen soll.

Das Garen von Fisch im *Bratbeutel* ergibt im großen und ganzen das gleiche Ergebnis wie die Zubereitung in Folie. Allerdings ist es einfacher, den Beutel fest zu verschließen. Ein Minus: Der kostbare Fischsaft läßt sich daraus weniger gut und vollständig entnehmen.

Im *Mikrowellengerät* kann Fisch gleich auf dem Eßteller im eigenen Saft sehr rasch und schonend gegart werden. Das ist auch für das Wiederaufwärmen von Fischgerichten äußerst praktisch. Wenn Sie diesen Küchenhelfer besitzen, wissen Sie aus Erfahrung, daß sich mit den meisten Mikrowellengeräten jedoch keine Kruste erzielen läßt.

Fritieren, das schnelle Bräunen im heißen Fett schwimmend, ist heute so beliebt wie nie zuvor. Wenn Sie das Fettbad richtig verwenden und keinen Wert auf Sauce legen, hat diese Garmethode besonders für Fisch gewiß ihre Vorteile. Es wird problemlos eine gleichmäßige Kruste erzielt, während das Gargut im Innern saftig bleibt.

Fisch aus dem Sud (Kochfisch) ist eine Garart, die echte Feinschmecker ablehnen. Nur zu leicht laugt das kochende Wasser den Fisch aus, er wird trocken und geschmacklos. Eine Ausnahme ist das *»Blaukochen«*. Fische mit Schleimschicht wie Schleie, Forelle, Karpfen, Aal und Hecht werden auch heute noch gerne blau gekocht.

Eine viel bessere Möglichkeit als das Sieden ist das *Garen in Dampf,* das alles Aroma und natürlich die Mineralstoffe voll erhält. Sie können dazu einen der in vielen Ausführungen angebotenen Fischtöpfe verwenden, bei denen der Fisch in einem Drahtkorb über dem kochenden Wasser liegt. Weil jedoch dabei Fischsaft abtropft und verlorengeht, nimmt man besser einen einfachen größeren Kochtopf. Nachdem der Sud durchgekocht ist, stellt man zwei Steinguttassen in den Topf. Der Fisch wird auf einen passenden Teller gelegt (der Teller muß etwas kleiner sein als der Topfdurchmesser, damit der Dampf zirkulieren kann) und auf die Tassen gestellt.

Teller und Tassen, die Sie in den Topf stellen, müssen feuerfest sein, am besten aus Steingut.

Schaumlöffel und Bratenwender helfen, den Teller gerade in den Topf zu stellen und wieder herauszuheben.

Eine weitere schonende Methode für das Kochen von Fisch ist die Zubereitung im *Kochbeutel* (siehe Seite 21).

Meine Lieblings-Garmethode für Fisch – und ein Thema mit unendlichen Variationsmöglichkeiten – ist das *Pochieren (Garziehenlassen).* Man benötigt beinahe immer nur eine minimale Flüssigkeitsmenge, die sich mit dem Fischsaft beim Garen mischt. Die Mischung wird keinesfalls weggegossen, sondern als Sauce gereicht oder zur Sauce verarbeitet. Pochieren können Sie sowohl ganze Fische wie auch Fischfilets.

Was Sie noch wissen sollten:

So können Sie Fischgeruch vermeiden:
- Beim Garen von Fisch im Kochtopf ein mit Essigwasser getränktes Küchentuch zwischen Topf und Deckel legen.
- Beim Braten von Fisch (und natürlich auch bei allen anderen Garmethoden) die Küchentüre schließen und das Fenster öffnen.
- Beim Kochen ein Tuch um den Kopf binden.
- Hände oder Geschirr, das nach Fisch riecht, mit Zitronensaft abreiben.

Wenn Sie Gefrierfisch/Tiefkühlfisch garen:

- Der Fisch muß antauen, damit man die Stükke voneinander lösen kann; Antauzeit bei Zimmertemperatur rund 1 Stunde, im Kühlschrank etwa 4 Stunden.
- Nach dem Antauen den Fisch sofort zubereiten. Alle Garmethoden sind möglich.
- Trotz moderner Gefriermethoden riecht Tiefkühlfisch meist etwas. Deshalb auf jeden Fall großzügig säuern.
- Damit die Kruste nicht verbrennt, während das Innere noch eiskalt ist, die Brathitze nur auf rund zwei Drittel der Herdleistung einstellen und die in den Rezepten angegebene Garzeit um etwa ein Drittel verlängern. Gilt auch für alle anderen Zubereitungsarten.
- Wichtig: Gefrierfisch ist nach dem Auftauen besonders verderb-empfindlich, muß also gleich gegessen werden. Keinesfalls darf man ihn wieder einfrieren!

Süßwasser- und Seefische von A bis Z

Fisch ist – allen Unkenrufen zum Trotz – noch immer in guter Qualität zu haben. Sie haben auf Seite 6 gelesen, was Fachleute zu dieser Frage sagen. Ob Fisch aus dem Meer oder aus Fluß und See besser schmeckt – diese Frage wird dagegen kaum zu klären sein, denn das ist ganz und gar Geschmackssache. Auch die alte Behauptung, Seefisch bleibe länger frisch als Fisch aus Binnengewässern, steht wohl zur endgültigen Klärung weiter im Raum.

Sicher ist allerdings, daß Fisch mit seinem großen Anteil an leicht verdaulichem, hochwertigem Eiweiß und seinem extrem geringen Fettgehalt in unserer Ernährung eine immer größere Rolle spielt.

Die wichtigsten der bei uns angebotenen Fischsorten sollten Sie deshalb kennen. In den folgenden kleinen »Steckbriefen« können Sie nachlesen, wo »Ihr« Fisch herkommt, welche charakteristischen Merkmale er hat, wie groß Sie ihn kaufen können und vor allem, in welcher Zubereitungsart er am wohlschmeckendsten auf Ihren Teller kommt. Ob es sich um einen Süßwasserfisch, einen sogenannten Wechselfisch (der teils in Flüssen, teils im Meer lebt) oder einen Seefisch handelt, ist ebenfalls angegeben, damit Sie auch nach dem Einkauf einer nicht ganz so bekannten Fischart nachschlagen können. Zum Beispiel der Lengfisch, aber auch der Merlan (Wittling) oder der Seehecht sind »neue« Fische, die heute mehr beachtet (und von Kennern für gut befunden) werden, da die Fänge der bisher bevorzugten Speisefische immer geringer werden. Die neuen Sorten sind sogar oft preisgünstiger, daher sollten Sie zugreifen, wenn sie angeboten werden.

Wissenswertes über Fisch

Namen **Fischart**	**Vorkommen** **Größe**	**Aussehen, Geschmack,** **Besonderheiten**	**Zubereitung**
Aal *Wechselfisch*	Laicht im Sargassomeer, kehrt als »Glasaal« in europ. Binnengewässer zurück. 50–150 cm zur Zeit des Fangs.	Sehr fett.	Vorzüglich geeignet für alle Rezepte mit Wein. Geräuchert, kalt, mit Zitrone und Brot.
Äsche Sprengling *Süßwasserfisch* (Lachsfisch)	Schnell fließende, kühle Gewässer (Süddeutschland, Alpenvorland). 25–50 cm.	Wird leider immer seltener. Besonders wohlschmeckendes Fleisch.	Alle Rezepte für Forelle und Felchen sind geeignet.
Angler Seeteufel, Lotte *Seefisch*	Mittelmeer. 100–200 cm, bis 20 kg schwer.	Neuerdings häufiger im Handel, gern in Feinschmecker-Restaurants. Fleisch fein und saftig.	Ideal für Fischdelikatessen. Lieblingsfisch der »Neuen Küche«, also dezente Zubereitungsarten.
Barbe *Süßwasserfisch* (Karpfenfisch)	Schnell fließende Gewässer (Süddeutschland, Alpenvorland). Meist 30–40, auch bis 90 cm.	Leicht verdaulich, sehr grätenreich. Zurückhaltend im Geschmack.	Kleine Barben braten oder blau kochen. Pikant würzen.
Barsch Flußbarsch, Egli *Süßwasserfisch* (Stachelflosser)	Jung in Flüssen, später in Seen bis 1000 m Höhe. 15–50 cm.	Sehr zart und schmackhaft.	Muß geschuppt werden. Kleinere Fische wie Forelle zubereiten, größere am besten im Ofen garen.
Blei Brachsen, Brasse, Brese *Süßwasserfisch* (Karpfenfisch)	Seen und langsam fließende Gewässer. 30–50 cm.	Sehr grätenreich. Geschmack ähnlich der Barbe.	Muß geschuppt werden. Zubereitung wie Karpfen, auch sauer einlegen. Kräftig würzen.
Brasse Goldbrasse, Dorade, Meerbrasse, Seekarpfen *Seefisch*	Mittelmeer. Von Oktober bis Juli am besten. 30–60 cm.	Sehr feines Aroma.	Kleine Fische braten, grillen oder in Alufolie garen. Seezungenrezepte sind ideal. Sehr sparsam würzen.

Wissenswertes über Fisch

Namen Fischart	**Vorkommen Größe**	**Aussehen, Geschmack, Besonderheiten**	**Zubereitung**
Butt: Steinbutt, Heilbutt, Glattbutt *Seefische* (Plattfische)	Steinbutt bis 100 cm. Schwarzer Heilbutt bis 200 cm, bis 300 kg.	Fleisch relativ fett. Steinbutt ist am begehrtesten (Fleisch fest, saftig, aromatisch), schwarzer Heilbutt am häufigsten. Edel ist »weißer« Heilbutt; Glattbutt selten.	Steinbutt und weißen Heilbutt dünsten, schwarzen Heilbutt in Portionen kochen oder dünsten, als Filet braten; geräuchert sehr schmackhaft. Glattbutt für alle Zubereitungsarten geeignet.
Felchen Blaufelchen, Reinanken *Süßwasserfisch* (Lachsfisch)	Große, kühle Seen im Alpenvorland. 30–50 cm.	Hervorragender Speisefisch, zarter Eigengeschmack.	In der Pfanne braten oder schonend sieden. Auch filetiert oder in Scheiben zubereiten. Sehr sparsam würzen.
Flunder *Seefisch* (Plattfisch)	30–50 cm, auch kleiner.	Fettes, festes Fleisch. Mit der Scholle verwandt.	In der Pfanne braten.
Forelle: Bachforelle, Regenbogenforelle, Lachsforelle *Süßwasserfische* (Lachsfisch)	Klare, kalte Gewässer (Alpenseen), Bäche bis 2500 m Höhe. Regenbogen- und Lachsforellen auch gezüchtet. 40–80 cm.	Fettgehalt relativ hoch (4,5%). Regenbogenforelle gebräuchlichster feiner Speisefisch. Wildart ist vorzuziehen; billige Zuchtforellen meist unbefriedigende Qualität. Lachsforellen haben rosa Fleisch.	Blau kochen oder braten, auch gefüllt, sowie grillen. Geräucherte Filets ergeben köstliche Vorspeisen.
Hai: Dornhai, Heringshai u. a. *Seefische*	Dornhai bis 100 cm.	Dornhai (Seeaal) und Heringshai am schmackhaftesten. Fleisch zart, grätenlos, rötlich.	Wie Thunfisch. Dornhai geräuchert als Schillerlocken im Handel.
Hecht *Süßwasserfisch*	In Ufernähe von fließenden Gewässern, auch in Seen. 40–100 cm.	Magerfisch, grätenreich. Geschmack sehr gut. Fleisch fest, im Alter oft trocken.	Muß geschuppt werden. In gut gewürztem Sud garen. Vorzüglich für Farcen und Klößchen. Delikat gespickt gebraten, mit Sahnesauce.

Wissenswertes über Fisch

Namen **Fischart**	**Vorkommen** **Größe**	**Aussehen, Geschmack,** **Besonderheiten**	**Zubereitung**
Hering *Seefisch*	Im Herbst auf hoher See gefischt magerer und wohlschmeckender. Etwa bis 35 cm.	Wird am häufigsten gegessen; preiswert. Fettgehalt je nach Jahreszeit 8–14%. Matjes ab spätem Frühjahr, leicht gesalzen, angeboten, Bückling frisch von Februar bis November.	Muß geschuppt werden. Grüner Hering gut gebraten oder gegrillt; verlangt nach Säure. Näheres siehe Seite 52.
Kabeljau Dorsch (junger Kabeljau) *Seefisch*	Bis 150 cm. Dorsch aus der Ostsee besonders fein.	Meist preiswert im ganzen oder als Filets. Fleisch zart, mager, eiweißreich.	Für alle Zubereitungsarten geeignet.
Karpfen: Schuppenkarpfen, Lederkarpfen, Spiegelkarpfen *Süßwasserfische*	Weiher und träge fließende Gewässer. Meist Zuchtkarpfen angeboten. 25–50 cm.	Fetter, guter Speisefisch. Meist preiswert.	Blau kochen im ganzen oder geteilt, braten. Verträgt kräftige Saucen. Gut für Fischsuppen. Bei Schuppenkarpfen kleine Schuppen entfernen, große (»Spiegel«) nicht.
Knurrhahn *Seefisch*	35–40 cm.	Weißes Fleisch, guter Geschmack.	Beim Kauf abziehen lassen, sonst viel Abfall. Braten, backen.
Lachs Salm *Wechselfisch*	Jung in kalten, klaren Flüssen, dann im Meer; laicht im Oberlauf der Flüsse. Bis rund 60 cm.	Einer der feinsten Fische, am besten, wenn er flußaufwärts »steigt«. Hellrotes bis rotes Fleisch.	Dünsten mit edlen Zutaten, grillen. Räucherlachs ist eine der bekanntesten Delikatessen.
Lengfisch Leng, Blauleng *Seefisch*	Bis 150 cm.	Magerfisch, der immer mehr Freunde findet. Nur als Filet im Handel. Festes Fleisch, nicht so fein wie Kabeljau.	Wie Kabeljau.
Makrele *Seefisch*	Bis etwa 60 cm.	Heute auch frisch (meist preisgünstig) angeboten; bei Filets zugreifen! Hoher Fettgehalt (um 10%). Grätenärmer als Hering.	Dünsten, braten, sehr gut grillen (fett). Auch – früher fast nur – geräuchert im Handel.

Wissenswertes über Fisch

Namen Fischart	Vorkommen Größe	Aussehen, Geschmack, Besonderheiten	Zubereitung
Renke Maräne *Süßwasserfisch*	Klare, kalte Seen im Alpenvorland. 15–50 cm.	Zartes, weißes Fleisch, feiner Geschmack.	Dünsten u. a. feine Zubereitungsarten. Nicht zu stark würzen!
Rotauge Plötze *Süßwasserfisch*	Seen, langsam fließende Gewässer. Bis etwa 30 cm.	Besonders grätenreich.	Muß geschuppt werden. Braten, backen; köstlich auch sauer eingelegt.
Rotbarsch Goldbarsch *Seefisch*	Bis 100 cm. Durch Fangeinschränkung in Größe und Preis unterschiedlich.	Sehr beliebt. Meist als Filet, in Küstennähe auch ganz oder Portionen. Fleisch rötlich, fest und ziemlich fett.	Muß geschuppt werden. Feiner Speisefisch für alle Zubereitungsarten. Wird meist überschätzt, andere Seefische sind ebenso gut.
Rotzunge *Seefisch*	Bis 100 cm.	Mit Seezunge verwandt, doch meist preiswerter. Fleisch schmackhaft, weniger fest und fein.	Wie Seezunge.
Saibling Bachsaibling, Rötel *Süßwasserfisch* (Lachsfisch)	Voralpenseen. 25–40 cm.	Begehrter Speisefisch. Fleisch rosa, Aroma sehr fein. Bachsaibling ähnlich.	Wie Forelle.
Sankt Petersfisch Heringskönig *Seefisch*	Mittelmeer. 25–65 cm.	Selten angeboten. Näheres siehe Angler.	Wie Angler.
Sardine *Seefisch* (Heringsfisch)	Mittelmeer. 12–15 cm.	Tiefgefroren und frisch jetzt auch bei uns.	Grillen, braten, fritieren. Als Konserve in Öl (kalorienreich).
Schellfisch *Seefisch*	Von Sommer bis Jahresende am besten. Bis etwa 40 cm.	Preiswerter Magerfisch. Fleisch weiß, zart, besonders eiweißreich.	Muß geschuppt werden. Gedünstet oder gebraten vorzüglich. Auch geräuchert im Handel.
Schleie *Süßwasserfisch* (Karpfenfisch)	Auf dem Grund bewachsener, langsam fließender Gewässer. 20–30 cm.	Fleisch etwas fester als Forelle, aber ebenso köstlich.	Wie Forelle.

Wissenswertes über Fisch

Namen **Fischart**	**Vorkommen** **Größe**	**Aussehen, Geschmack,** **Besonderheiten**	**Zubereitung**
Scholle Goldbutt *Seefisch* (Plattfisch)	20–65 cm.	Feinster, beliebtester Plattfisch. Sehr zartes Fleisch.	Braten, Filets auch dünsten oder pochieren. Keine kompakte Panade, keine starke Hitze!
Schwertfisch *Seefisch*	Bis 400 cm.	Meist tiefgefroren. Fest, schmackhaft, relativ fett.	Wie Thunfisch.
Seehecht *Seefisch*	Im Sommer am besten. Bis 100 cm.	Fleisch fest, weiß, aromatisch.	Wie Schellfisch.
Seelachs Köhler *Seefisch*	In beträchtlichen Mengen gefangen, daher billig. Bis etwa 100 cm.	Fleisch blau-gräulich, besonders eiweißreich (etwa 18%) und fettarm, fester als Kabeljau.	Muß geschuppt werden. Sehr gut für Gerichte mit viel Gewürz (Fischgulasch, -suppe, -farce).
Seezunge *Seefisch*	Bis etwa 50 cm.	Feinster Seefisch, fast immer als Filet bzw. abgezogen verkauft. Sehr zart.	Keine starke Hitze, nicht lange garen, sparsam würzen! Sehr fein mit Krabben, Wein.
Thunfisch *Seefisch*	Bis 500 cm.	Meist nur tiefgefroren in Scheiben angeboten. Fleisch fett, erinnert an Kalbfleisch.	Dünsten, in Folie garen, grillen, paniert braten. In Öl konserviert sehr gut kalt.
Waller Wels *Süßwasserfisch*	Seen, große Flüsse im Alpenvorland. Bis über 100 cm.	Fleisch weiß, fett, grätenlos; etwas schwer verdaulich.	In Scheiben oder Filetstreifen dünsten oder braten.
Wittling Weißling, Blauer Wittling, Merlan *Seefisch*	20–40 cm.	Seltener, da nicht gut lagerfähig. Fleisch zart, mager, besonders leicht verdaulich.	Dünsten mit pikanter Sauce. Vorwiegend für Farcen und Klößchen.
Wolfsbarsch Seebarsch *Seefisch*	Ab 35 cm im Handel.	Edler Seefisch, grätenarm. Feines, charakteristisches Aroma.	Grillen, garen in Folie. Sparsam würzen, am besten nur Kräuter.
Zander *Süßwasserfisch*	Große Flüsse und Seen, auch Flußmündungen. Bis 130 cm, meist 40–50 cm.	Fleisch weiß, sehr zart.	Muß geschuppt werden. Grillen; Rezepte für Seezunge, Hecht gut geeignet.

Fisch im Sud und gedämpft

Wie schon auf Seite 14 gesagt, wird Fisch nicht »gekocht« – zu viele Nähr- und Aromastoffe würden ins Kochwasser übergehen –, sondern man läßt ihn höchstens in leise siedendem Wasser ziehen. Das Grundrezept für einen würzigen Fischsud finden Sie auf Seite 29. (Jeder Fischsud oder Fischfond muß leicht gesäuert sein. Gewöhnlich nimmt man Essig, wenn es feiner schmecken soll, auch trockenen Weißwein.) Ausnahme ist das »Blaukochen«, für das sich aber nur Fischarten mit schützender Schleimschicht eignen; sie ergibt die Blaufärbung. Besser als Sieden ist Dämpfen, wozu Sie nicht unbedingt einen Spezialtopf brauchen (siehe Seite 14). Man gibt zweifingerhoch kräftig gewürzten Sud in den Topf und läßt ihn 10 Minuten durchkochen. Der Fisch kommt dann auf einen Einsatz darüber.

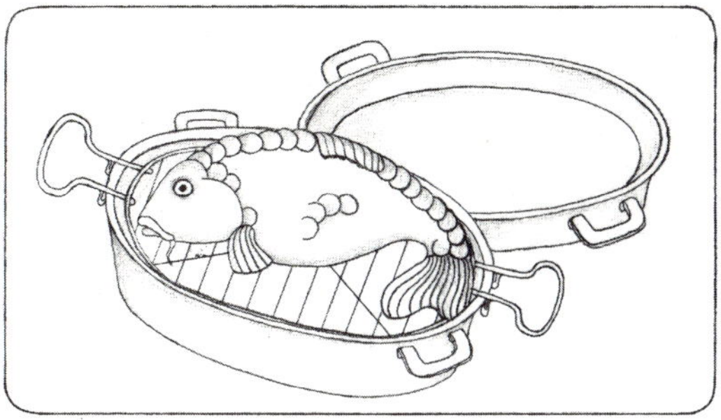

Wer häufig Fisch sieden oder dämpfen will, dem sei ein länglicher Fischtopf mit Siebeinsatz empfohlen.

Der Deckel muß gut schließen. Ähnlich wertschonend läßt sich auch im Kochbeutel garen. Der Fisch kommt mit Gewürzen, Kräutern oder Gemüse, etwas Fett oder Wein (je nach Rezept) in den Beutel. Den Beutel sehr gut verschließen (verknoten), in reichlich kochendes Wasser geben und leise sieden lassen; Garzeit je nach Dikke etwa 15 Minuten. Alle Rezepte für gedünsteten oder pochierten Fisch können Sie übrigens gut für den Kochbeutel abwandeln.

Fisch blau

Grundrezept

Zutaten für 4 Personen:
1 oder mehrere ausgenommene Fische (Schleie, Forelle, Karpfen, Aal oder Hecht) von insgesamt 1500–2000 g · 3–4 l heißer Fischsud nach dem Grundrezept auf Seite 29 · bester Essig (Weinessig, auch Sherry- oder Kräuteressig)
Pro Portion etwa 730–4265 Joule/175–1020 Kalorien je nach Fischart

- Zubereitungszeit: 25–45 Minuten

So wird's gemacht: Die Fische sehr vorsichtig unter leicht fließendem Wasser abspülen, nicht stärker waschen und nicht schuppen. Die Schleimschicht darf nicht verletzt werden, weil sie sowohl den begehrten Blauton ermöglicht als auch den Fisch beim Garen einhüllt, also aromatisch und saftig erhält. • Die Fische einzeln in tiefe Teller legen. Pro 1 kg Fisch ½ Tasse vom kochenden Fischsud abnehmen und mit Essig auf 1 Tasse auffüllen. Die Fische innen und außen an allen Stellen damit beträufeln und kurz in der Flüssigkeit, die jetzt im Teller steht, durchschwenken. • Nach 10 Minuten die Fische in den köchelnden Sud legen. Der Sud muß ständig leicht unter dem Siedepunkt gehalten werden, da die Haut sonst aufreißt. • Die Garzeit variiert stark, deshalb bei kleinen Fischen nach rund 12 Minuten, bei Fischen ab 1 kg nach knapp 30 Minuten die Garprobe machen: Läßt sich die Rückenflosse leicht herausziehen, dann ist der Fisch gar. Mit dem Schaumlöffel auf eine vorgewärmte Platte legen und sofort servieren.

Das paßt dazu: braune Butter, Senf-, Merrettich- oder andere Sauce und mehlige Salzkartoffeln.

Heilbutt in Buttersauce

Bild Seite 9

Zutaten für 4 Personen:
4 Scheiben Heilbutt zu je 200 g · 1 Schalotte · 1 kleine Möhre · 1 kleine Stange Lauch (Porree) · ½ l trockener Weißwein · ½ Teel. Salz · 2 Scheiben Zitrone
Für die Sauce: 200 g frische Champignons · 1 mittelgroße Möhre · 70 g Butter · 1 gestrichener Teel. Speisestärke · 2 Eßl. Crème fraîche · 2 frische Estragonblätter (ersatzweise 1 Messerspitze getrockneter Estragon) · Salz · Pfeffer
Pro Portion etwa 1940 Joule/465 Kalorien

- Zubereitungszeit: 35 Minuten

So wird's gemacht: Die Fischscheiben unter fließendem, kaltem Wasser abspülen. Die Schalotte, die kleine Möhre und den Lauch putzen und zerkleinern. Das Gemüse mit dem Weißwein, dem Salz und den Zitronenscheiben 5 Minuten kochen lassen. • Die Heilbuttscheiben in den Sud legen und bei kleiner Hitze 10–12 Minuten ziehen lassen. • Inzwischen die Pilze putzen und in dicke Scheiben schneiden. Die mittelgroße Möhre schälen und in feinste Streifen schneiden. • Den garen Fisch aus dem Sud nehmen und warm stellen. Den Sud auf ¼ l einkochen lassen. Die Pilzscheiben und Möhrenstreifen in 20 g Butter kurz anrösten, mit dem Fischfond aufgießen und 2–3 Minuten köcheln lassen. • Die Speisestärke mit der Crème fraîche verrühren und die Sauce damit binden. Mit dem grob zerschnittenen (oder zerriebenen) Estragon, Salz und Pfeffer kräftig abschmecken. Den Topf vom Herd nehmen und mit dem Schneebesen die restlichen 50 g Butter in Flöckchen unterschlagen. • Die Fischscheiben mit dem Gemüse garnieren und mit der Sauce übergießen.

Das paßt dazu: Curryreis.

Gefüllter Zander

Bild Seite 10

Zutaten für 4 Personen:
1 ausgenommener Zander von 1500–2000 g · 1 kleine Zwiebel · Selleriesalz · frisch gemahlener weißer Pfeffer · ½ Brötchen · 1 Tasse lauwarme Milch · 100 g geriebene Mandeln, Haselnüsse oder Erdnüsse · 1 Eigelb · 2 Eßl. kleingeschnittener Schnittlauch · 2 Eßl. Zitronensaft · Salz · geriebene Muskatnuß · Fischfond (Rezept Seite 29)
Pro Portion etwa 2090 Joule/500 Kalorien

- Zubereitungszeit: 20 Minuten
- Garzeit: 30 Minuten

So wird's gemacht: Den Fisch innen und außen unter fließendem, kaltem Wasser gründlich waschen und trockentupfen, dann in einen Teller legen. Die Zwiebel schälen und feinreiben. Mit Selleriesalz und Pfeffer zu einer würzigen Paste verrühren und den Zander damit innen und außen sorgfältig einreiben. Den Fisch mit Alufolie bedecken und durchziehen lassen. • Inzwischen das Brötchen würfeln, in der Milch einweichen, dann leicht ausdrücken und mit den Mandeln oder Nüssen, dem Eigelb, dem Schnittlauch und dem Zitronensaft mischen. Mit Pfeffer, Salz und Muskat würzen. Die Masse in den Fisch füllen, die Öffnung mit Holzspießchen zustecken. • Den Fischfond in einen Fischtopf füllen, den Zander auf den Siebeinsatz legen. Den Topf schließen. Den Sud zum Kochen bringen, dann die Hitze reduzieren, bis der Sud nur noch leise köchelt. Den Fisch 30 Minuten dünsten.

Mein Tip Ein Rezept, das sich auch für Hecht oder Waller vorzüglich eignet.

Pochieren, das feine Garen

Das Garziehenlassen bei kleiner (unter dem Siedepunkt liegender) Hitze wird von Kennern immer noch auf französisch – der gängigen Küchensprache also – »pochieren« genannt. Wir wollen das übernehmen, denn für unsere Fischküche ist das Pochieren *die* Garmethode. Fisch gelingt, wie ich meine, so am allerbesten; er ist saftig, aromatisch und sehr verwandlungsfähig. Da nur ein Minimum an Flüssigkeit zugegeben wird, gart das Fischfleisch beinahe im eigenen Saft. Der köstliche Fond bildet später die Grundlage für die Sauce.

Wir können Fisch auch auf einem Gemüse- oder Kräuterbett pochieren. Wichtig ist, daß alle Inhaltsstoffe erhalten bleiben und der bei sehr niedriger Temperatur gegarte Fisch unvergleichlich schmackhaft bleibt.

Pochieren kann man Scheiben von großen Fischen, Filets oder auch feine ganze Fische.

Die Garzeiten: Filets rund 10 Minuten, größere Fischstücke oder kleinere ganze Fische wie Forellen 15–20 Minuten, große Fische im ganzen bis zu 30 Minuten.

Pochierter Fisch

Grundrezept

Zutaten für 4 Personen:
2 junge Zwiebeln · 20 g Butter oder Margarine · 3 Tassen kräftiges Essig- oder Zitronenwasser · Salz oder Instant-Rinderbrühe · 1 Lorbeerblatt · 2 Eßl. frischer, feingehackter Thymian oder andere Kräuter nach Belieben · einige weiße Pfefferkörner · 1 Stück dünne Zitronenschale (Schale unbehandelt) · 800–1000 g Fischfilet oder Fischscheiben oder auch 4 nicht zu große ausgenommene Forellen · Zitronensaft
Pro Portion etwa 945 Joule/225 Kalorien

● Zubereitungszeit: 35–65 Minuten je nach Fischart und -größe

So wird's gemacht: Die Zwiebeln schälen, hakken und in einem Bräter oder Topf mit gut schließendem Deckel in der heißen Butter oder Margarine glasig braten. Das Essig- oder Zitronenwasser angießen. Gut salzen oder mit Instantbrühe würzen. Die Kräuter, die Pfefferkörner und die Zitronenschale zufügen und alles zugedeckt etwa 15 Minuten durchkochen lassen. • Den Fisch vorbereiten und säuern. Beim Sud die Hitze so reduzieren, daß die Flüssigkeit knapp unter dem Siedepunkt bleibt. Den Fisch hineinlegen und garen (Filets etwa 10, Scheiben und kleine Fische 15–20, große Fische bis 30 Minuten). • Den Fisch mit dem Schaumlöffel herausheben und warm stellen. Den Fond durch ein Sieb gießen und als Sauce servieren oder nach Belieben noch verfeinern.

Das paßt dazu: körniger Reis, kleine Kartoffeln oder Kartoffelpüree oder auch nur frisches dunkles Brot oder Stangenweißbrot.

Varianten für die Sauce: Den Fond mit brauner Butter mischen. Oder etwas Sahne einrühren und mit Salz sowie Pfeffer abschmecken; oder auch mit wenig kalt angerührtem Mehl binden.

Heilbutt auf Gemüsebett

Zutaten für 4 Personen:
4 Scheiben Heilbutt von je etwa 200 g · 4 Eßl. Weißwein · Salz · frisch gemahlener weißer Pfeffer · je 1 grüne, gelbe und rote Paprikaschote · 1 Zucchino · 2 Auberginen · 250 g Tomaten · 250 g Zwiebeln · 100 g Butter oder Margarine · 125 g durchwachsener Räucherspeck · 1 Tasse Wasser · 1 Eßl. feingehackte Petersilie · 100 g saure Sahne
Pro Portion etwa 2550 Joule/610 Kalorien

● Zubereitungszeit: etwa 45 Minuten

So wird's gemacht: Die Fischscheiben gut waschen und trockentupfen. Dann mit dem Wein beträufeln, salzen und pfeffern. • Die Paprikaschoten gut waschen, von Stielansatz, Rippen und Kernen befreien und in Ringe schneiden. Den Zucchino waschen und in Scheiben schneiden, Anfang und Ende nicht mitverwenden. Die Auberginen waschen, beide Enden abschneiden und die Früchte in dicke Scheiben schneiden. Die Tomaten mit kochendem Wasser überbrühen, enthäuten und vierteln. Die Zwiebeln schälen und hacken. • In einem großen Schmortopf das Fett erhitzen. Den Speck feinwürfeln, zum Fett geben und ausbraten. Das Gemüse dazugeben, mit dem Wasser begießen und zugedeckt 15 Minuten durchschmoren. • Dann die Hitze reduzieren und die Fischscheiben darauflegen. Den Topf wieder zudecken und alles zusammen noch 12 Minuten garen. • Die Fischscheiben mit dem Schaumlöffel auf eine vorgewärmte Platte heben. Das Gemüse mit der Petersilie und der Sahne mischen und zum Fisch servieren.

Das paßt dazu: Kartoffeln in jeder Form.

Rotbarsch mit Aurora-Sauce

Zutaten für 4 Personen:
800 g Rotbarschfilet · Saft und abgeriebene Schale von 1 Zitrone (Schale unbehandelt) · 2 mittelgroße Zwiebeln · 20 g Butter · 4 Eßl. Weinessig · ½ l kräftige Fleischbrühe · 1 Lorbeerblatt · 1 Prise geriebene Muskatnuß · ⅛ l Weißwein · 4 Eßl. Tomatenmark · 100 g Sahne · 3 Eigelbe · frisch gemahlener weißer Pfeffer · Salz
Pro Portion etwa 1590 Joule/380 Kalorien

- Zubereitungszeit: etwa 10 Minuten
- Garzeit: 40 Minuten

So wird's gemacht: Die Fischfilets waschen (wenn nötig, Gräten und Hautreste entfernen), trockentupfen und mit Zitronensaft beträufeln. Die Filets aufeinander in einen tiefen Teller legen und mit Klarsicht- oder Alufolie bedecken. • Die Zwiebeln schälen und grobhacken. Die Butter in einem großen, flachen Topf mit gut schließendem Deckel erhitzen und die Zwiebeln darin anbraten, aber nicht bräunen lassen. Mit dem Essig und der Brühe aufgießen. Das Lorbeerblatt, 1 Teelöffel Zitronenschale und den Muskat dazugeben. Zuletzt den Fisch hineinlegen. Den Topf schließen und den Fisch in 15 Minuten bei schwacher Hitze gar ziehen lassen. • Die Fischfilets vorsichtig mit dem Schaumlöffel aus dem Fond nehmen, auf eine vorgewärmte Platte legen und unter Alufolie ruhen lassen, während die Sauce zubereitet wird. • Das Lorbeerblatt entfernen. Den Fond mit dem Handrührgerät pürieren oder durch ein Sieb streichen. Dann auf dem Herd bei sehr schwacher Hitze den Wein, restlichen Zitronensaft, das Tomatenmark und die mit der Sahne verquirlten Eigelbe in die Flüssigkeit schlagen, bis die Sauce schön dicklich und schaumig ist. Die Aurora-Sauce gut mit Pfeffer, Salz und eventuell noch Zitronensaft und Essig abschmecken. Sofort zum Fisch servieren.

Das paßt dazu: mehlige Salzkartoffeln.

Varianten: Kalorienärmer wird die Sauce, wenn Sie statt der Sahne saure Sahne verwenden. Wer Saucen mit etwas »Biß« mag, püriert sie nicht.

Mein Tip Nehmen Sie als Arbeitsfläche für Fisch kein Holzbrett; Holz saugt den Fischsaft ein, der Fisch wird trocken – und Ihr Brett behält lange den Fischgeruch. Kunststoff oder Stein sind am besten geeignet.

Kabeljauschnitten in Krabbensauce

Zutaten für 4 Personen:
4 Scheiben Kabeljau · Saft von 1 Zitrone · 1 Bund Suppengrün · frisch gemahlener weißer Pfeffer · 200 g frische Champignons · 30 g Butter oder Margarine · 1 gestrichener Eßl. Mehl · 3 Tassen Weißwein · Salz · 100 g küchenfertiges Krabbenfleisch · 100 g Sahne · 1 Eßl. feingehackte Petersilie oder feingeschnittener Schnittlauch
Pro Portion etwa 1800 Joule/430 Kalorien

- Zubereitungszeit: etwa 45 Minuten

So wird's gemacht: Den vorbereiteten Fisch gut waschen, trockentupfen, mit dem Zitronensaft beträufeln und 10 Minuten ziehen lassen. Inzwischen das Suppengrün putzen, kleinschneiden und mit Pfeffer bepudern. Die Pilze putzen und in Scheibchen schneiden. • Das Fett in einem Schmortopf erhitzen. Das Suppengrün und die Champignons darin unter Rühren 5 Minuten anschmoren. Dann mit dem Mehl bestäuben und durchrühren. Den Wein dazugießen. Bei kleiner Hitze 10 Minuten im bedeckten Topf durchkochen lassen. • Dann den Fisch darauflegen, alles mit Salz bestreuen und bei schwacher Hitze im bedeckten Topf 12 Minuten ziehen lassen. • Den Fisch mit dem Schaumlöffel herausheben und warm stellen. Die Krabben und die Sahne sowie die Petersilie oder den Schnittlauch unter den Fond heben, nochmals erhitzen, aber nicht mehr kochen lassen. Mit Salz und Pfeffer abschmekken. Die Kabeljauscheiben in die Sauce legen.

Mein Tip Auch für Dorsch, Heilbutt, Rotbarsch oder Hecht geeignet.

Seezungenfilets mit Champagnersauce

Es muß kein echter Champagner sein, damit die Sauce gelingt und köstlich schmeckt!

Zutaten für 4 Personen:
8 Seezungenfilets · Saft von 1 Zitrone · 100 g Butter oder Margarine · ½ l trockener Sekt · frisch gemahlener weißer Pfeffer · Salz · geriebene Muskatnuß · 4 Eigelbe · 4 Eßl. Wasser
Pro Portion etwa 1860 Joule/450 Kalorien

- Zubereitungszeit: etwa 30 Minuten

So wird's gemacht: Die Seezungenfilets waschen, trockentupfen, mit dem Zitronensaft beträufeln und 10 Minuten ziehen lassen. • Das Fett in einem großen, flachen Topf erhitzen. Die Seezungenfilets abtropfen lassen (den Zitronensaft auffangen) und ins heiße Fett geben. Die Hitze reduzieren, den Topf bedecken und den Fisch in rund 10 Minuten garen. • Inzwischen den Sekt im Wasserbad erhitzen. Mit Pfeffer, Salz und Muskat würzen. Den vom Fisch abgetropften Zitronensaft einrühren. Die Eigelbe mit dem Wasser verquirlen und in den Sekt schlagen, bis eine cremige Masse entstanden ist. Die Creme nochmals kräftig mit Pfeffer und vorsichtig mit Salz abschmecken. • Die Fischfilets mit dem Schaumlöffel auf eine vorgewärmte Platte legen. Den Fischfond mit der Sektcreme unter Rühren bis zum Siedepunkt erhitzen. Die Sauce zum Fisch reichen.

Das paßt dazu: Safranreis und grüner Salat.

Schollenfilets in Orangensauce

Bild 2. Umschlagseite

Zutaten für 4 Personen:
8 Schollenfilets · Saft von 1 Zitrone · Saft und abgeriebene Schale von 1 Blutorange (Schale unbehandelt) · 2 Eigelbe · 3 Eßl. Wasser · 150 g Butter oder Margarine · Salz · Cayennepfeffer
Pro Portion etwa 1860 Joule/450 Kalorien

- Zubereitungszeit: etwa 30 Minuten

So wird's gemacht: Die Schollenfilets gut waschen, trockentupfen, mit dem Zitronensaft beträufeln und 10 Minuten ziehen lassen. • Den Orangensaft und die fein abgeriebene Orangenschale in einem kleinen Topf bei schwacher Hitze erwärmen. Die Eigelbe mit dem Wasser verrühren und mit der in Flöckchen zerteilten Butter oder Margarine in den Saft schlagen, bis eine cremige Masse entstanden ist. • Die Schollenfilets in einen großen, flachen Topf legen, mit Salz bestreuen, mit Cayennepfeffer bepudern und mit der Orangensauce begießen. Bei schwächster Hitze im bedeckten Topf 12 Minuten pochieren lassen. • Dann die Sauce abschmecken.

Das paßt dazu: körniger Petersilienreis oder mehlige Salzkartoffeln.

Mein Tip Auch Seezungen- oder Dorschfilets kann man nach diesem Rezept zubereiten.

Mittelmeer-Ragout

Zutaten für 4 Personen:
1 große Zwiebel · 2 Knoblauchzehen · 4 Eßl. Olivenöl · 1 Tasse Wasser · 500 g Tomaten · 100 g gefüllte Oliven · 1 Teel. getrocknete Kräutermischung der Provence · Salz · 100 g Sahne · 600 g beliebiges, möglichst gemischtes Fischfilet · 200 g Muschelfleisch, frisch oder aus dem Glas · 1 Döschen Safran
Pro Portion etwa 1860 Joule/450 Kalorien

- Zubereitungszeit: etwa 40 Minuten

So wird's gemacht: Die Zwiebel und die Knoblauchzehen schälen. Die Zwiebel feinschneiden, den Knoblauch durchpressen oder sehr fein hakken. • Das Öl in einem Schmortopf erhitzen, Zwiebel und Knoblauch darin anschmoren. Mit dem Wasser aufgießen. Den Topf zudecken und die Hitze reduzieren. Die Tomaten mit kochendem Wasser überbrühen, enthäuten und vierteln. Die Oliven in Scheiben schneiden. Beides mit in den Topf geben. Mit den Kräutern und mit Salz bestreuen, mit der Sahne begießen. • Die Fischfilets gut waschen und trockentupfen. Mit dem Muschelfleisch nach 10 Minuten auf das Tomatenbett legen. Alles weitere 12 Minuten zugedeckt garen. • Den Fisch vorsichtig mit dem Schaumlöffel auf eine vorgewärmte Platte legen. Den Safran mit etwas Wasser verrühren. Den Fischfond mit dem Safran sowie Salz abschmekken und als Sauce zum Fisch reichen.

Das paßt dazu: Petersilienreis oder Safranreis und grüner Salat.

Eine der bekanntesten Fischsuppen ist die Bouillabaisse, ein volkstümliches Gericht, das immer wieder anders schmeckt. Rezept Seite 31. ▷

Fisch verbindet sich vorzüglich mit Gemüse und anderen Zutaten, was in allen Mittelmeerküchen selbstverständlich, bei uns aber viel zu wenig bekannt ist. Es lassen sich leichte, aromatische Suppen zubereiten. Wenn der Anteil an Gemüse, Reis oder anderen Beigaben größer ist, wird die Suppe zum wohlschmeckenden Eintopf. Wichtig: Alle anderen Zutaten muß man vorgaren, damit der Fisch nicht zu lange der Hitze ausgesetzt ist.

Als Brühe nehmen wir Fleisch- oder gute Würfelbrühe, noch besser Fischbrühe. Wie Sie aus der Suppe jeweils einen feinen Eintopf zaubern, habe ich am Ende der Rezepte vermerkt.

Weil Eintöpfe leicht anhängen (anliegen) und daher besser im Backofen gelingen, finden Sie noch ein Rezept im Kapitel »Fisch aus dem Ofen« (Seite 50).

Doch zunächst das Grundrezept für Fischbrühe, die Sie auch unbedingt für pochierten Fisch (Rezepte Seite 23–26) probieren sollten.

◁ Kabeljau mit Suppe ist ein komplettes Essen. Man serviert zunächst die gehaltvolle Suppe, dann Fisch und Gemüse mit Mayonnaise. Rezept Seite 32.

Fischbrühe/Fischfond

Grundrezept

Die Fischart richtet sich nach dem Angebot; so kräftig aromatischer Fisch wie Hering aber sollte nicht dabei sein. Ihr Fischhändler (auch die Spezialabteilung im Kaufhaus) überläßt Ihnen Fischabschnitte sicher gerne für Pfennigbeträge beim »normalen« Fischeinkauf. Sollten Sie sie ausnahmsweise nicht bekommen, dann nehmen Sie 500 g vom billigsten der angebotenen Fische, allerdings auch hier keinen Hering, keine Makrele und keinen lose verkauften Gefrierfisch.

Zutaten für 4 Personen:
500–1000 g Fischabschnitte wie Köpfe, Gräten und Haut · 1 l Wasser · 1 gestrichener Teel. Salz · 1 Eßl. Essig · 10 Pfefferkörner · 1 Lorbeerblatt · ½ Bund Suppengrün · 1 große Zwiebel · etwas Knoblauch nach Belieben · 1 Teel. Tomatenmark oder ½ Tomate
Pro Portion etwa 170 Joule/40 Kalorien

● Zubereitungszeit: 1 Stunde bis 1 Stunde und 30 Minuten

So wird's gemacht: Alle Fischabschnitte sehr gut waschen, dann mit dem Wasser in einen großen Topf geben und auf die Kochstelle setzen. Das Salz, den Essig und alle Gewürze zugeben. Das Suppengrün putzen und grob zerkleinern. Die Zwiebel schälen und grobwürfeln. Beides sowie eventuell Knoblauch mit dem Tomatenmark oder der Tomate in die Brühe geben. Diese 30 Minuten bis 1 Stunde bei kleiner Hitze im bedeckten Topf kochen lassen. • Den weißen Schaum von der Oberfläche abschöpfen und die Fischbrühe noch 15 Minuten ziehen lassen. Die Flüssigkeit durch ein feines Sieb gießen. Die festen Zutaten im Sieb noch etwas ausdrücken, dann wegwerfen. • Diese Brühe ist als Fischfond die Grundlage für die meisten der folgenden Fischsuppen-Rezepte.

Variante: Klare Fischsuppe
Die Fischbrühe mit Wasser, Wein oder Rindfleischbrühe aus Würfel auf rund 1 Liter Flüssigkeit auffüllen, noch einmal erhitzen, mit Salz, frischgemahlenem weißem Pfeffer oder edelsüßem Paprikapulver nachwürzen, mit gehackten Kräutern und eventuell noch mit dünnen Champignonscheibchen und Wein verfeinern.

Fischklößchensuppe

Zutaten für 4 Personen:
1 l klare Fischsuppe nach der Variante des vorangegangenen Grundrezeptes · ½ Brötchen · 1 Tasse heiße Milch · 200 g Süßwasser- oder Seefischfilet beliebiger Art, jedoch kein Hering · 1 Ei · Salz · frisch gemahlener weißer Pfeffer · 2 Eßl. Sahne · 1 Prise geriebene Muskatnuß · 1 Eßl. gehackte Petersilie · eventuell Semmelbrösel · Mehl
Pro Portion etwa 460 Joule/110 Kalorien

- Zubereitungszeit: etwa 20 Minuten

So wird's gemacht: Die Fischsuppe erhitzen. Das Brötchen würfeln und mit der heißen Milch begießen. Das Fischfilet unter fließendem, kaltem Wasser abspülen und ebenfalls in Würfel schneiden. • Die geweichten Brötchen- und die Fischwürfel zusammen durch den Fleischwolf drehen oder mit dem Handmixstab zu einer glatten Paste verrühren. Das Ei in Eigelb und Eiweiß trennen. Das Eigelb zur Fischmasse geben. Die Masse mit Salz und Pfeffer schärfen, dann mit der Sahne verrühren. Das Eiweiß steif schlagen, mit dem Muskat und der Petersilie mischen und unter die Fischmasse mengen. Die Masse sollte geschmeidig, doch nicht zu weich sein, sonst müssen noch Semmelbrösel eingerührt werden. • Mit einem immer wieder in kaltes Wasser getauchten Teelöffel von der Fischmasse Klößchen abstechen und in Mehl wenden. Die Klößchen dann sofort in die siedende Brühe legen und kurz unter dem Siedepunkt in rund 10 Minuten gar ziehen lassen.

Variante: Für eine sättigende Suppenmahlzeit beliebiges feines Gemüse wie Erbsen, Spargel, Lauchringe, Pilze oder Paprikastreifen oder auch Tomatenwürfel in der Suppe mitgaren.

Fisch-Sahne-Suppe

Zutaten für 4 Personen:
Fischbrühe nach dem Grundrezept auf Seite 29 · ¼ l trockener Weißwein · 150 g beliebiges Fischfilet oder eßfertige Krabben · 100 g Sahne · 1 Eigelb · 1 Eßl. feingehackte Petersilie · Salz · frisch gemahlener weißer Pfeffer
Pro Portion etwa 730 Joule/175 Kalorien

- Zubereitungszeit: etwa 15 Minuten

So wird's gemacht: Die Fischbrühe mit dem Wein verrühren und bis kurz vor dem Siedepunkt erhitzen. Das Fischfilet unter fließendem, kaltem Wasser abbrausen, zerpflücken und in die Brühe geben, oder eventuell die Krabben zufügen. 10 Minuten ziehen lassen. • Die Sahne mit dem Eigelb und der Petersilie verrühren. Die Suppe von der Kochstelle nehmen und mit der Sahnemischung legieren. Die Sahnesuppe mit Salz und Pfeffer abschmecken.

Variante: In Butter leicht angeröstete Brötchenwürfel machen die Suppe noch nahrhafter und runden den Geschmack vorzüglich ab.

Variante: Bunter Fischeintopf
Je 600 g Kartoffelwürfel und tiefgefrorene Erbsen extra garen und in die fertige Suppe mischen. Eventuell Fischfilet und Krabben verwenden.

Variante: Russische Fisch-Sahne-Suppe
Die Fisch-Sahne-Suppe statt mit süßer mit saurer Sahne zubereiten und außerdem mit 1 Eßlöffel Kapern, 100 g gekochten Rote-Bete-Würfeln, 100 g in feine Streifen geschnittenen Senfgurken und 1 Eßlöffel feingehacktem Dill verrühren. Noch 5 Minuten warm stellen. Dazu sehr dunkles, kräftiges Brot reichen.

Bouillabaisse

Bild Seite 27

Die klassische Fischsuppe ist die südfranzösische Bouillabaisse. Es gibt viele Varianten.

Zutaten für 4 Personen:
Fischbrühe nach dem Grundrezept auf Seite 29 · 4 Knoblauchzehen · 1 Zwiebel · 4 Eßl. Olivenöl · 700 g beliebiges Fischfilet, möglichst vielfältig gemischt · 1 Lorbeerblatt · ¼ Orange (Schale unbehandelt) · 4 Tomaten · 4 Fäden Safran (½–2 Döschen) · grobgemahlener weißer Pfeffer · 1 Prise Fenchelsamen (notfalls Fencheltee aus Apotheke oder Drogerie) · Salz · 4 Scheiben Weißbrot · ¼ l trockener Weißwein
Pro Portion etwa 1800 Joule/430 Kalorien

● Zubereitungszeit: etwa 20 Minuten

So wird's gemacht: Die Fischbrühe mit Wasser auf 1 Liter auffüllen und erhitzen. Die Knoblauchzehen und die Zwiebel schälen und feinschneiden. • Das Öl in einem großen Topf erhitzen, den Knoblauch und die Zwiebel darin unter Rühren hellgelb anbraten. Den Fisch kurz unter fließendem, kaltem Wasser abspülen, trockentupfen, dann mit ins heiße Öl geben und 5 Minuten mitschmoren lassen. Das Lorbeerblatt und das Orangenviertel ungeschält dazulegen. Mit der heißen Fischbrühe aufgießen. • Die Tomaten mit kochendem Wasser überbrühen, enthäuten und würfeln. Die Tomatenwürfel in die Suppe einrühren. Mit dem Safran, Pfeffer, dem Fenchel und Salz abschmecken. Die Suppe bis kurz vor dem Siedepunkt erhitzen und im bedeckten Topf noch 5 Minuten bei milder Hitze köcheln lassen. • Das Weißbrot auf vier Teller verteilen. Den Wein in die fertige Suppe rühren, das Lorbeerblatt und das Orangenstück herausnehmen. Die Suppe nochmals abschmecken und auf das Weißbrot füllen. Sofort servieren.

Varianten: Im Mittelmeerraum werden in guten Restaurants oft noch Krabben in die Suppe gegeben. Auch Lauchringe (nur das Weiße) passen sehr gut in die Bouillabaisse. Diese Fischsuppe kann mit sehr wenig in Wasser, Wein oder Sahne angerührtem Mehl gebunden werden.

Variante: Südfranzösischer Fischeintopf
Die Bouillabaisse wird zum Eintopf, wenn Sie Reis oder Kartoffelwürfel sowie Streifen von Paprikaschoten und Zucchinischeiben mitgaren.

Variante: Waterzoi
So heißt die in Holland und Belgien beliebte Variante der Bouillabaisse. Sie wird wie diese zubereitet, jedoch werden für 4 Portionen 200 g in Stücke geschnittener Staudensellerie mitgegart. Waterzoi wird mit Semmelbröseln gebunden.

Matelote

Eine sehr »geistvolle« Sache ist das Seemannsgericht Matelote.

Zutaten für 4 Personen:
Fischbrühe nach dem Grundrezept auf Seite 29 · ½ l Weißwein, Rotwein oder Apfelwein · 2 Zwiebeln · 2 Knoblauchzehen · ½ Teel. weiße Pfefferkörner · 1 Eßl. gehackte Petersilie · 800 g beliebiges Fischfilet, möglichst gemischt · 1 gestrichener Eßl. Mehl · 2 Eßl. Butter · 3 Eßl. Weinbrand · Salz
Pro Portion etwa 1670 Joule/400 Kalorien

● Zubereitungszeit: etwa 20 Minuten

So wird's gemacht: In einem großen Topf die Fischbrühe erhitzen. Den Wein dazurühren und die Flüssigkeit wieder heiß werden, jedoch nicht kochen lassen. Die Zwiebeln und den Knoblauch schälen, grobhacken und in die Brühe geben. Die Pfefferkörner und die Petersilie einrühren. • Das Fischfilet kurz unter fließendem, kaltem Wasser abspülen, in grobe Würfel schneiden, in die Brühe geben und zugedeckt bei kleiner Hitze rund 10 Minuten köcheln lassen. • Das Mehl mit der Butter verkneten und in Flöckchen in die Suppe rühren. Das Gericht mit dem Weinbrand »würzen« und mit Salz abschmecken.

Das paßt dazu: dunkles Brot, in der Pfanne in Knoblauchbutter leicht angeröstet, oder einfach mit einer halbierten Knoblauchzehe eingerieben und mit Butter bestrichen.

Kabeljau mit Suppe

Bild Seite 28

Diese Fischsuppe ist eine echt griechische Spezialität. Der in der Suppe gegarte Kabeljau ergibt zugleich einen zweiten Gang. Zuerst serviert man die Suppe und anschließend den Fisch mit dem Gemüse, dazu die Mayonnaise.

Zutaten für 4 Personen:
1 kg küchenfertiger Kabeljau im Stück · 2 Eßl. Olivenöl · 1 Eßl. Zitronensaft · 5 Kartoffeln · 2 Karotten · 2 Tomaten · 2 Zucchini · 1 Handvoll Petersilie und Sellerieblätter · 1 Zwiebel · je 1 gute Prise Salz und Pfeffer
Für die Suppe: ¾ Tasse Reis · 1 Ei · Saft von 1 Zitrone
Für die Mayonnaise: 2 Eier · 1 Tasse Wasser · Salz · 1 Teel. Senf · Saft von 1 Zitrone · 1 Tasse Olivenöl
Pro Portion etwa 3045 Joule/730 Kalorien

- Zubereitungszeit: 40 Minuten
- Garzeit: 1 Stunde

So wird's gemacht: Den Fisch unter fließendem, kaltem Wasser innen und außen abbrausen, trokkentupfen, mit einigen Tropfen Öl und Zitronensaft einreiben und zugedeckt liegenlassen. • Die Kartoffeln schälen und halbieren. Die Karotten schaben und längs halbieren. Die Tomaten in Achtel schneiden. Die Zucchini waschen und ganz lassen. Die Petersilien- und Sellerieblättchen waschen. Die Zwiebel schälen. • Die Kartoffeln, alles Gemüse und die Kräuter in einen großen Topf geben, mit dem restlichen Öl, dem restlichen Zitronensaft, dem Salz und dem Pfeffer mischen und mit so viel Wasser auffüllen, daß das Gemüse knapp mit Flüssigkeit bedeckt ist. Alles zugedeckt kochen lassen, bis die Kartoffeln weich sind. • Gemüse und Kartoffeln mit einem Schaumlöffel aus der Brühe heben und warm stellen. Den Fisch in den Gemüsesud legen und bei milder Hitze 15 Minuten darin garziehen lassen. (Der Fisch ist gar, wenn man die Gräten leicht herausziehen kann.) • Den Fisch mit dem Schaumlöffel vorsichtig aus der Suppe heben, so daß er nicht zerfällt, der Länge nach teilen und die Hauptgräte entfernen. Den Kopf und die Haut ebenfalls entfernen. Den Fisch wieder in der ursprünglichen Form zusammensetzen und auf eine vorgewärmte Platte legen. Das Gemüse und die Kartoffeln um den Fisch anrichten, zudecken und im Backofen warm halten. • Die Brühe durch ein Sieb gießen, etwas salzen und den gewaschenen Reis darin weich kochen. • Für die Mayonnaise die Eier in Eigelbe und Eiweiße trennen. Das Wasser mit wenig Salz zum Kochen bringen, das Eiweiß hineingießen und stocken lassen. Das gestockte Eiweiß aus dem Wasser nehmen und erkalten lassen. • Die Eigelbe mit dem Senf, dem Zitronensaft und dem gestockten Eiweiß im Mixer pürieren und nach und nach tropfenweise das Öl zufügen. • Die Suppe vom Herd nehmen. Das Ei mit dem Zitronensaft verquirlen, wenig warme Suppe dazugeben, die Mischung in die Suppe rühren, das Eiweiß zufügen. Die Suppe sofort servieren.

Fisch aus der Pfanne

Fisch aus der Pfanne ist überall beliebt. Sie können portionsgroße Stücke oder kleine Fische im ganzen braten.

Gebratener Fisch kann eine knusprige Kruste haben, das Innere bleibt dann, geschützt von der Panade oder Teighülle, saftig und weich. Doch immer häufiger lehnen Feinschmecker die Panierkruste ab. Sie ist von Fett vollgesogen, schwer und grob im Geschmack. Sie lösen die Kruste beim Essen ab und genießen nur das zarte Fischfleisch. Fernsehkoch Clemens Wilmenrod empfahl meines Wissens als erster in seinen populären Anleitungen zum gekonnten Kochen, Fisch nur leicht in Mehl zu wenden und dann in nicht zu heißem Fett sehr hell zu bräunen, also eigentlich mehr zu schmoren als zu braten. Ich liebe diese Garart, und Sie finden einige Rezepte dafür in diesem Kapitel. Sie können natürlich auch alle mit Kruste vorgesehenen Vorschläge so abwandeln. Die Garzeit verlängert sich dann jeweils um die Hälfte.

Die Fischstücke sollten zum Braten in der Pfanne nicht mehr als fingerdick sein, werden also, wenn nötig, quer auseinandergeschnitten, damit sie durchgegart sind, ehe die Kruste verbrennt. Damit man sie gut wenden kann, schneidet man die Stücke nicht größer als etwa 10 × 10 cm.

Fisch für die Pfanne muß nach dem Säuern gut mit Küchenpapier abgetupft werden. Wird er in Mehl oder Bröseln gewendet, muß man Überschüssiges von beidem gut abschütteln, weil es im Fett sonst rasch verbrennt.

Mit Fett dürfen Sie nicht sparen, damit die Kruste gleichmäßig bräunt und nicht anhängt. Ideal ist gutes, geschmacksneutrales Öl oder reines, hocherhitzbares Pflanzenfett. Der Fisch kommt in das heiße Fett, wenn ein Probestückchen darin gerade eben brutzelt. Wenn die Hitze stärker ist, trocknet sie den Fisch aus; ist sie zu schwach, dann saugt die Panade zuviel Fett auf, was dem Geschmack ebenso wie der Linie schadet. Nachdem der Fisch in der Pfanne ist, die Hitze so regulieren, daß sie immer gleich bleibt. Wenn Sie die Pfanne während des Bratens öfter schütteln, bräunt der Fisch besonders gleichmäßig.

Garzeiten: Fischfilets je nach Dicke ab 5 Minuten, Fischscheiben etwa 10 Minuten, ganze Fische etwa 12 Minuten, jeweils pro Seite.

Mein Tip Ich schätze zartes Butteraroma besonders und lege den gebratenen Fisch auf Küchenpapier, das überschüssiges Bratfett aufsaugt. Inzwischen erhitze ich etwas Butter in einer frischen Pfanne und schwenke den Fisch darin kurz von beiden Seiten.

Zarter Pfannenfisch

Grundrezept

Dieser Fisch ist nicht gebraten und nicht geschmort: Bei besonders milder Hitze gart er, nur von Mehl umhüllt, und bekommt eine sehr, sehr zarte Kruste. Allerdings zerfällt das Fischfilet, so zubereitet, leicht beim Servieren. Ich nehme das für den besonders angenehmen Geschmack gerne in Kauf. Paradebeispiel für zarten Pfannenfisch ist das nachfolgende Rezept »Bali-Fisch«.

Zutaten für 4 Personen:
800 g beliebiges Fischfilet · 4 Eßl. Zitronensaft · geschmacksneutrales Öl oder Pflanzenfett zum Braten · Salz · Mehl
Pro Portion etwa 920–1220 Joule/220–290 Kalorien je nach Fischart

- Zubereitungszeit: etwa 35 Minuten

So wird's gemacht: Das Fischfilet waschen, trockentupfen und, wenn nötig, in höchstens fingerdicke und nicht zu große Stücke schneiden. Die Stücke in einen tiefen Teller schichten und jede Schicht mit Zitronensaft beträufeln. 10 Minuten ziehen lassen. • In mehreren Pfannen Fett erhitzen. Inzwischen die Filets salzen und auf beiden Seiten in Mehl drücken, überschüssiges Mehl abschütteln. Wenn das Fett eben Blasen wirft, die Fischstücke hineinlegen. Die Hitze reduzieren – der Fisch darf nicht bräunen, während er brät. Nach rund 10 Minuten wenden und auch auf der anderen Seite garen.

Das paßt dazu: körniger Reis, eventuell mit Gemüse vermischt, oder gemischter Salat.

Bali-Fisch

Zutaten für 4 Personen:
1 kg Dorschfilet · Saft von 2 Zitronen · 4 mittelgroße Zwiebeln · 3 Knoblauchzehen · 1 Stange Lauch (Porree) · 8 Eßl. Öl · ⅛ l kräftige Fleischbrühe · 4 Eßl. Weinessig · 200 g saure Sahne · 100 g süße Sahne · Mehl · Salz · 1–2 Eßl. Currypulver je nach Schärfe und Ihrem Geschmack · 1 gestrichener Teel. Ingwerpulver · 1 Prise geriebene Muskatnuß · 2 gestrichene Eßl. Zucker
Pro Portion etwa 2700 Joule/650 Kalorien

● Zubereitungszeit: etwa 30 Minuten

So wird's gemacht: Das Fischfilet waschen, trokkentupfen und eventuell noch von Haut und Grätenresten befreien. Die Filets mit dem Zitronensaft beträufeln und in einem tiefen Teller aufeinanderlegen. • Die Zwiebeln und den Knoblauch schälen und kleinschneiden. Vom Lauch die weißen Teile herauslösen, putzen, in Ringe schneiden, sehr gut waschen und abtropfen lassen. • 2 Eßlöffel Öl in einem Topf nicht zu stark erhitzen. Die Zwiebeln und den Knoblauch darin anbraten, aber nicht bräunen lassen. Die Lauchringe dazugeben und alles unter Rühren noch 1 Minute braten. Mit der Brühe, dem Essig, der sauren und der süßen Sahne aufgießen und köcheln lassen. • Mehl mit Salz mischen. Die Fischfilets abtropfen lassen und den Zitronensaft auffangen. Die Filets von beiden Seiten in die Mehlmischung drücken. Das restliche Öl in zwei Pfannen heiß werden lassen. Die Fischfilets im heißen Öl von beiden Seiten bei schwacher Hitze mehr schmoren als braten lassen. • Die Sahnesauce mit dem vom Fischfilet abgetropften Zitronensaft, dem Curry, dem Ingwer, dem Muskat und dem Zucker würzen und noch weiterköcheln lassen, während der Fisch gart. 1 gestrichenen Eßlöffel Mehl in wenig Wasser anrühren und die Sauce damit binden; noch einmal aufkochen lassen. Die Sauce nach Geschmack noch mit Salz, Zucker, Essig und eventuell Curry süßsauer bis scharf abschmecken und zum Fisch servieren.

Das paßt dazu: körniger Petersilienreis und frischer grüner Salat.

Mein Tip Wenn Sie die Zwiebeln besonders fein schneiden, können Sie auf die Bindung der Sauce durch Mehl verzichten. Sie können zum Binden statt Mehl auch 1 Eigelb verwenden. Wer sehr kräftigen Knoblauchgeschmack liebt, preßt die Zehen, statt sie gehackt zu verwenden.
Das Rezept eignet sich auch gut für Heilbutt, Lengfisch, Rotzunge oder Seehecht.

Dorsch mit Pfeffersauce

Zutaten für 4 Personen:
2 Paprikaschoten · 3 Pfefferschötchen (Peperoni) aus dem Glas · 50 g Butter oder Margarine · 2 Eßl. grüne Pfefferkörner aus dem Glas · 3 Eßl. trockener Sherry · 100 g saure Sahne · 800 g Dorschfilets · 4 Eßl. Zitronensaft · 2 gestrichene Eßl. Mehl · 4 Eßl. Öl · Salz
Pro Portion etwa 2050 Joule/490 Kalorien

- Zubereitungszeit: etwa 40 Minuten

So wird's gemacht: Die Paprikaschoten von Rippen, Kernen und Stielansatz befreien, dann in feine Streifen schneiden. Die Pfefferschötchen vom Stiel befreien und grobhacken. Die Butter oder Margarine in einem Töpfchen erhitzen. Die Paprikastreifen und die Peperoni darin unter Rühren anbraten. Dann die Pfefferkörner, den Sherry und die saure Sahne unterrühren. Das Töpfchen zudecken und die Hitze reduzieren; die Sauce weiterköcheln lassen, bis der Fisch gar ist. • Inzwischen die Fischfilets waschen, mit dem Zitronensaft beträufeln und 10 Minuten ziehen lassen. • Dann die Fischfilets in Mehl wenden. Das Öl in zwei Pfannen erhitzen, die Filets darin bei schwacher Hitze gar ziehen, aber keinesfalls bräunen lassen. Nach dem Garen salzen. Auch die Sauce mit Salz abschmecken und zum Dorschfilet reichen.

Das paßt dazu: mehlige Salzkartoffeln.

Gebratene Forelle

Zutaten für 4 Personen:
4 ausgenommene Forellen, nach Belieben mit oder ohne Kopf, Flossen und Schwanz · 4 Eßl. Zitronensaft · frisch gemahlener weißer Pfeffer · Salz · 2 kleine Eier · Mehl · Semmelbrösel · Fett zum Braten
Zum Garnieren: krause Petersilie · Zitrone
Pro Portion etwa 1240 Joule/295 Kalorien je nach Größe der Fische

- Zubereitungszeit: etwa 30 Minuten

So wird's gemacht: Die Forellen gründlich innen und außen waschen (dabei den Schleim gut abspülen) und trockentupfen. Die Fische innen und außen mit dem Zitronensaft, Pfeffer und Salz würzen. Die Eier in einem Suppenteller verquirlen. • Die Fische zuerst in Mehl, dann im Ei, dann in Semmelbröseln wenden; überschüssige Brösel abschütteln. Das Fett in einer oder mehreren Pfannen erhitzen, jedoch nicht zu heiß werden lassen. Die Fische darin von beiden Seiten je nach Größe jeweils 10–12 Minuten braten. • Die gebratenen Fische auf einer vorgewärmten Platte anrichten. Mit Petersilienzweigen und Zitronenspalten garnieren.

Das paßt dazu: mehlige Salzkartoffeln und grüner Salat oder eine Salatplatte.

Variante: Die Fische statt in Semmelbröseln in gehackten oder blättrig geschnittenen Mandeln wenden.

Mein Tip Geeignet für alle pfannengroßen See- oder Süßwasserfische bis zu einem Gewicht von 1 kg.

Saucen zu gebratenem Fisch

Wer will, kann aus dem Bratfond eine köstliche Sauce zaubern. Etwas Butter beigeben, noch einmal erhitzen, aber nicht bräunen. Darin wahlweise folgende Zutaten einige Minuten schmoren lassen. Die Sauce gut abschmecken.

- Champignonscheibchen, Krabben und gehackte Petersilie.
- Sehr fein gehackte Zwiebeln. Mit Weißwein aufgießen!
- Geschälte, halbierte und entkernte Weintrauben. Mit viel Pfeffer schärfen, die Sauce leicht binden!
- Zitronensaft, Kapern, viel frische Kräuter und ein Hauch durchgepreßter Knoblauch.
- Wenig Senf und trockener Sherry, viel Sahne.
- Dünne Zwiebelscheiben, gehackter Knoblauch und in Scheibchen geschnittene gefüllte Oliven.
- Scheiben oder Würfel von enthäuteten Tomaten. Mit viel Basilikum würzen!

Forelle »Müllerin«

Die Zubereitung nach Müllerin Art oder »à la meunière« ist für Forelle oder Renke besonders beliebt. Als Bratfett wird dazu Butter verwendet, und damit diese höher erhitzbar ist, muß sie vorher »geklärt« werden. Das heißt, man erhitzt sie, bis sich an der Oberfläche weißer Schaum bildet, den man abschöpft.

Zutaten für 4 Personen:
4 ausgenommene Forellen, nach Belieben mit oder ohne Kopf, Flossen und Schwanz · Zitronensaft · 125 g geklärte Butter · Mehl · Salz · frisch gemahlener weißer Pfeffer
Zum Begießen und Garnieren: Butter · Zitronenspalten · Petersiliensträußchen
Pro Portion etwa 1460 Joule/350 Kalorien

- Zubereitungszeit: etwa 30 Minuten

So wird's gemacht: Die Fische innen und außen unter fließendem, kaltem Wasser waschen (dabei den Schleim gut abspülen) und trockentupfen. Die Forellen innen mit Zitronensaft beträufeln. • Die Butter in einer oder mehreren Pfannen erhitzen (damit alle Portionen gleichzeitig gar sind). Die Forellen beidseitig in Mehl drücken, abschütteln und in der heißen Butter von beiden Seiten in etwa 12 Minuten goldbraun braten. • Die gebratenen Fische salzen, pfeffern und auf einer vorgewärmten Platte anrichten. Mit heißer, noch schäumender Butter begießen. Mit Zitronenspalten und Petersiliensträußchen garnieren.

Das paßt dazu: Salzkartoffeln.

Variante: In einem Pfännchen zerbröselte Krume von frischem Weißbrot in Butter hellbraun rösten. Die fertigen Fische mit Kapern bestreuen, mit Zitronensaft beträufeln und mit den Brotkrumen bestreuen.

Mein Tip Alle pfannengroßen Fische lassen sich so zubereiten; sie sollten aber nicht schwerer als 1 kg sein. Auch Fischscheiben und -filets kann man nach dieser Methode garen; Garzeit 5–15 Minuten pro Seite je nach Dicke.

Wie ein Cordon bleu gefüllt, paniert und gebraten, gelingt das Seelachsfilet nach Schweizer Art ganz besonders saftig. Rezept Seite 39. ▷

Gefüllte Forelle

Zutaten für 4 Personen:
4 ausgenommene Forellen, nach Belieben mit oder ohne Kopf, Flossen und Schwanz · 4 Eßl. Zitronensaft · frisch gemahlener weißer Pfeffer · Salz · 2 kleine Eier · Mehl · Semmelbrösel
Für die Füllung: 1 Petersilien- oder Kräutersträußchen und 1 Knoblauchzehe oder eine der nachfolgenden Füllungen
Zum Braten: Öl oder Pflanzenfett
Pro Portion etwa 2500 Joule/600 Kalorien je nach Füllung und Größe der Fische

- Zubereitungszeit: etwa 40 Minuten, ohne Vorbereitungszeit

So wird's gemacht: Die Fische nach den Hinweisen für »Das Füllen ganzer Fische« auf Seite 12 vorbereiten. Dann innen und außen mit Zitronensaft beträufeln, salzen und pfeffern. • Die gewünschte Füllung zubereiten und einfüllen, die Knoblauchzehe natürlich geschält und gehackt. Die Öffnung zunähen oder mit Holzstäbchen zustecken. Die Forellen zuerst in Mehl, dann in verquirltem Ei und zuletzt in Semmelbröseln wenden. • Das Fett in der Pfanne erhitzen und die Fische darin von beiden Seiten je nach Größe jeweils gut 20 Minuten braten.

◁ Die Fische vorbereiten, säuern und innen leicht salzen. Mit den geputzten Kräutern und Zwiebelscheiben füllen. Alufolie mit Öl bestreichen, die Forellen darauflegen und diese auf dem mittelheißen Grillrost etwa 15 Minuten garen. Währenddessen einmal wenden.

Speckfüllung

1 Brötchen in Scheiben schneiden und in warmem Wasser einweichen. 100 g durchwachsenen Räucherspeck feinwürfeln, in der Pfanne knusprig ausbraten und abtropfen lassen (das Speckfett zum Braten der Fische – sehr herzhaft – oder für andere Gerichte verwenden). 1 kleine Zwiebel schälen und kleinschneiden. Das Brötchen ausdrücken, mit dem Speck, den Zwiebelwürfeln und 1 Eßlöffel gehackter Petersilie mischen. Mit Salz, Paprikapulver und Oregano pikant würzen.

Hackfleischfüllung

125 g Rinderhackfleisch mit 1 Ei verkneten. 2 Eßlöffel Semmelbrösel zufügen. 1 kleine Zwiebel schälen, feinreiben und mit 1 Eßlöffel gehackter Petersilie sowie 1 Prise Salbeipulver unter den Fleischteig mischen. 1 Sardellenfilet kalt abspülen, hacken, dazugeben und alles mit Salz abschmecken.

Seelachsfilet nach Schweizer Art

Bild Seite 37

Zutaten für 4 Personen:
8 dünne Scheiben Seelachsfilet von je etwa 100 g · Saft von 1 Zitrone · Salz · frisch gemahlener weißer Pfeffer · 4 Scheiben Emmentaler Käse in der Größe der Fischscheiben (ersatzweise Käse-Scheibletten) · 4 kleine Scheiben gekochter Schinken · Mehl · 1 Ei · Semmelbrösel · 3 Eßl. Margarine · 1 Zitrone
Pro Portion etwa 1940 Joule/465 Kalorien

- Zubereitungszeit: etwa 30 Minuten
- Ruhezeit: 15 Minuten

So wird's gemacht: Die Seelachsfiletscheiben waschen und trockentupfen. Die Scheiben mit dem Zitronensaft beträufeln und 15 Minuten ziehen lassen. • Die Fischscheiben salzen und pfeffern. Auf 4 Scheiben je 1 Käse- und Schinkenscheibe legen. Die Portionen mit den restlichen 4 Fischscheiben bedecken und die Päckchen mit Holzstäbchen zustecken (die Hölzchen flach hineinstecken, damit man die Fischpäckchen panieren kann). Die Fischportionen zuerst in Mehl, dann in dem verquirlten Ei und zuletzt in Semmelbröseln wenden. • Die Margarine in einer großen Pfanne erhitzen. Die panierten Fischpäckchen darin auf jeder Seite in etwa 7–8 Minuten goldbraun braten. Auf einer vorgewärmten Platte mit Zitronenachteln anrichten.

Das paßt dazu: Feldsalat und warmer Kartoffelsalat, garniert mit Tomatenachteln und Eischeiben.

Fischfrikadellen, -kroketten und -bällchen

Hierfür bereiten Sie einen Fischteig wie für die Klößchen (Rezept Seite 30) und wandeln ihn je nach Geschmack ab.

Zutaten für 4 Personen:
Für den Teig: 2 Brötchen · etwa 2 Tassen heiße Milch · 800 g Süßwasser- oder Seefischfilet beliebiger Art, jedoch kein Hering · 2 Eier · Salz · frisch gemahlener weißer Pfeffer · 6 Eßl. Sahne · 2–3 Prisen geriebene Muskatnuß · 4 Eßl. gehackte Petersilie · eventuell Semmelbrösel
Zum Abwandeln: Kapern · oder feingeschnittener, in der Pfanne ausgebratener Räucherspeck · oder gehackte Oliven · oder Champignonscheibchen · oder zerpflücktes Bücklingsfilet und reichlich grobgemahlener weißer Pfeffer · oder sehr kleine Würfel von geschälten Tomaten und grüner Pfeffer aus dem Glas · oder gekochter Reis statt des geweichten Brötchens · oder Kartoffelpüree statt des geweichten Brötchens
Zum Panieren: Mehl · 2 kleine Eier · Semmelbrösel
Zum Braten: reichlich Fett
Pro Portion etwa 2225 Joule/530 Kalorien ohne Zutaten für die Abwandlung

- Zubereitungszeit: etwa 30 Minuten

So wird's gemacht: Die Brötchen kleinwürfeln und mit der heißen Milch übergießen. Das Fischfilet waschen, trockentupfen und ebenfalls in Würfel schneiden. Die Fischwürfel zusammen mit den eingeweichten Brötchenwürfeln durch den Fleischwolf drehen oder mit dem Handmixstab zu einer glatten Paste verrühren. • Die Eier in Eiweiß und Eigelb trennen. Die Eigelbe zur Fischmasse geben. Den Teig mit Salz und Pfeffer schärfen und mit der Sahne verrühren. Die Eiweiße steif schlagen, mit der Muskatnuß und der Petersilie mischen und unter die Fischmasse heben. Der Teig sollte geschmeidig, aber nicht zu weich sein; andernfalls müssen Sie noch Semmelbrösel einrühren. • Den Teig mit oben genannten Zutaten (oder nach Ihren individuellen Wünschen) abwandeln. Dann mit angefeuchteten Händen flache Frikadellen, längliche Kroketten oder Bällchen, etwa in der Größe von Tischtennisbällen, formen. Die Stücke zuerst in Mehl, dann im verquirlten Ei und zuletzt in Semmelbröseln wenden. • Reichlich Fett in der Pfanne erhitzen und die Frikadellen, Kroketten oder Bällchen darin rundum goldbraun braten.

Das paßt dazu: frischer Salat und mit Joghurt vermischte Remouladensauce.

Fisch, gegrillt und fritiert

Wer einen Grill besitzt, wird auch Fisch grillen wollen. Fette und robuste Fischarten (Hering) eignen sich besonders gut. Magerfisch muß vor dem Grillen mit Speck umwickelt oder während des Grillens mit Öl bepinselt werden. Damit der Fisch nicht zerfällt, kann man ihn in einen zuvor erhitzten und geölten Broiler oder Fischkorb legen (auch sehr praktisch zum Wenden). Ich empfehle, Fisch zum Grillen in Alufolie oder Pergamentpapier zu packen (siehe auch meine Tips für Fisch in Folie auf Seite 14).

Garzeiten: 5–15 Minuten auf dem Grillrost, etwa 20 Minuten im Folienpaket, je nach Größe der Fische. Beim Holzkohlengrill variieren die Werte auch je nach Stärke der Glut.

Größere Fische müssen vor dem Grillen auf beiden Seiten im Abstand von 2–3 cm schräg eingeschnitten werden, damit sie auch innen gar sind, wenn die Haut gebräunt ist.

Eine weitere beliebte Garmethode für Fisch ist das Fritieren. Sie können dazu Fett in einem großen Topf auf dem Herd erhitzen oder eine der in vielen Varianten angebotenen elektrischen Friteusen benützen.

Wir verwenden ausschließlich reines Pflanzenfett oder -öl, das sich auf 180–190 °C erhitzen läßt (die ideale Fritiertemperatur). Füllen Sie den Topf bis höchstens zwei Drittel der Höhe mit Fett. Auch in der Pfanne kann fritiert werden. Man füllt sie mindestens fingerhoch, höchstens aber zu zwei Dritteln mit Fett.

Für Fisch, der nur die niedrigste Fritiertemperatur, nämlich 180 °C, verträgt, wird am besten mit einem Fett-Thermometer gemessen.

Fritierzeit: in Mehl gewendetes Fischfilet etwa 4 Minuten (ebenso Fischstäbchen), paniertes Filet 6–8 Minuten, Fisch in Teig 6–10 Minuten je nach Dicke, Fischfrikadellen etwa 6 Minuten, Heringe 5–8 Minuten, Forellen und andere kleine Fische im ganzen, in Mehl gewendet, 6–10 Minuten, Scheiben von ganzen Fischen 6–10 Minuten. Die Zeiten richten sich nach der Dicke und Größe des Fritiergutes.

Die fritierten Stücke immer sofort auf Küchenpapier legen, das überschüssiges Fett aufsaugt. Erst dann salzen. Immer nur kleine Partien auf einmal ins Fett geben, damit es nicht zu stark abkühlt. Fertiges inzwischen warm stellen.

Gegrillte Makrele

Auch auf Ihrer Grillparty sollte natürlich Fisch nicht fehlen. Hier ein ebenso einfaches wie köstliches Rezept.

Zutaten für 4 Personen:
4 ausgenommene Makrelen · Salz · frisch gemahlener weißer Pfeffer · 2 Eßl. Zitronensaft · 4 Zweige Petersilie
Pro Portion etwa 1515 Joule/360 Kalorien je nach Größe der Fische

- Zubereitungszeit: etwa 35 Minuten

So wird's gemacht: Den Grill gut vorheizen. • Die Fische unter fließendem Wasser innen und außen gut abspülen und trockentupfen. Kopf, Schwanz und Flossen abschneiden (siehe Seite 8). Die Fische innen und außen salzen und pfeffern, innen noch mit Zitronensaft beträufeln und je 1 Petersilienzweig hineinlegen. • Die Bauchöffnungen mit Rouladenspießchen zustekken. Die Makrelen auf dem sehr heißen Rost von jeder Seite je nach Größe 8–10 Minuten grillen.

Das paßt dazu: Kartoffelsalat, grüner- oder Tomatensalat und deftiges dunkles Brot sowie Bier.

Mein Tip Sie können auch grüne Heringe, Forellen und andere kleine Süßwasserfische so grillen.

Varianten: Sie können die Fische auch innen mit Senf bestreichen oder mit gepreßtem Knoblauch bepinseln. Wenn Sie Magerfisch (zum Beispiel Seelachs, Kabeljau, Lengfisch) verwenden, schmeckt es köstlich, wenn er vor dem Grillen in dünne Scheibchen von durchwachsenem Räucherspeck eingewickelt wird.

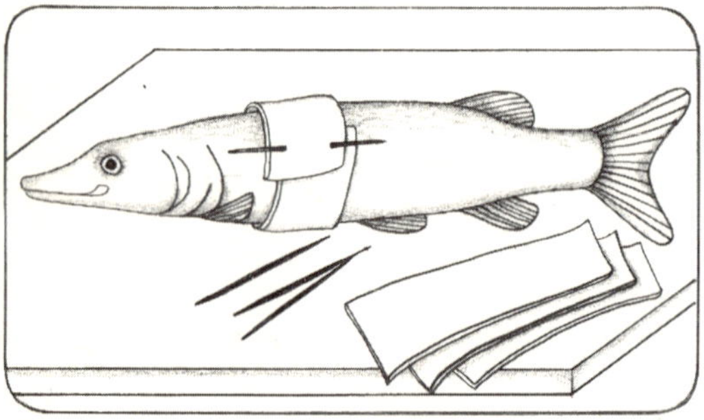

Die Speckscheiben müssen lang genug sein, damit man sie mit Holzspießchen gut zusammenstecken kann.

Forelle mit Dill und Fenchel

Bild Seite 38

Zutaten für 4 Personen:
4 frische, ausgenommene Forellen (je etwa 300 g) · Saft von ½ Zitrone · Salz · 6 Dolden frische Dillblüten · 1 Stengel Fenchelgrün · 2 Schalotten oder 1 kleine Zwiebel
Zum Bestreichen: Öl
Pro Portion etwa 930 Joule/225 Kalorien

- Vorbereitungszeit: 15 Minuten
- Garzeit: etwa 15 Minuten

So wird's gemacht: Die Forellen unter fließendem, kaltem Wasser innen und außen kurz abspülen, dann mit Küchenpapier trockentupfen. Die Fische außen mit dem Zitronensaft beträufeln, innen leicht salzen. Die Dillblüten und das Fenchelgrün unter fließendem, kaltem Wasser waschen und trockenschwenken. Die Schalotten oder die Zwiebel schälen und in dünne Scheiben schneiden. • Die Dillblüten, das Fenchelgrün und die Schalotten- oder Zwiebelscheiben in die Forellen verteilen. Alufolie auf den mittelheißen Grillrost legen und mit dem Öl bestreichen. Die Forellen auf der Folie bei mittlerer Hitze etwa 15 Minuten garen. Während des Grillens einmal wenden.

Das paßt dazu: Folienkartoffeln und grüner oder gemischter Salat.

Gegrillte Dorade

Bild Umschlag-Vorderseite

Zutaten für 4 Personen:
2 ausgenommene Doraden (Goldbrassen) zu je 400–500 g · 1 Peperoni · 1 Knoblauchzehe · ⅛ l Öl · ½ Teel. Salz · 50 g gehackte Schalotten · etwas feingehackter Thymian, Dill und Petersilie · 100 g Lauchscheiben (Porree) · 150 g Möhrenstifte · 100 g Bleichselleriestückchen · 2 Tomaten · 150 g frische, geschälte Garnelen
Pro Portion etwa 1930 Joule/460 Kalorien

- Zubereitungszeit: etwa 20 Minuten
- Marinierzeit: 1 Stunde

So wird's gemacht: Die Fische gründlich abspülen und trockentupfen. Die Peperonischote und die geschälte Knoblauchzehe feinhacken. • Das Öl mit dem Salz, der gehackten Peperoni, dem Knoblauch und den Schalotten sowie den Kräutern verrühren und die Doraden in dieser Marinade 1 Stunde ruhen lassen. • Die Fische aus der Ölmischung nehmen, abtropfen lassen und auf dem heißen Grillrost von jeder Seite 8–10 Minuten grillen (man kann sie auch in der Pfanne braten). • Inzwischen 4 Eßlöffel von der Ölmarinade in einer Pfanne erhitzen. Den Lauch, die Möhrenstifte und den Sellerie zufügen. Die Tomaten in Scheiben schneiden und mit den Garnelen in die Pfanne geben. Alles in 4–5 Minuten garen und zum Fisch servieren.

Das paßt dazu: Stangenweißbrot.

Bunte Fischspieße

Diese Spieße können auch in der Pfanne gebraten oder fritiert werden.

Zutaten für 4 Personen:
600 g beliebiges Fischfilet · 2 Eßl. Zitronensaft · 2 Spritzer Tabasco · 400 g Tomaten · 200 g frische große Champignons · 1 grüne Paprikaschote · 1 Tasse Silberzwiebelchen aus dem Glas · 2 Eßl. Öl · 2 Eßl. Sojasauce · 1 Eßl. gehackter Dill · Salz
Pro Portion etwa 1050 Joule/250 Kalorien

● Zubereitungszeit: 20 Minuten

So wird's gemacht: Den Grill vorheizen. • Das Fischfilet unter fließendem, kaltem Wasser abspülen und in Würfel von etwa 3 cm Durchmesser schneiden. Die Würfel in einen Suppenteller legen, mit dem Zitronensaft sowie dem Tabasco beträufeln und 10 Minuten ziehen lassen. • Inzwischen bei den Tomaten großzügig den Stielansatz herausschneiden, die Tomaten waschen und vierteln, Kerne und Saft entfernen. Die Champignons putzen und gut waschen. Die Paprikaschote waschen, von Stielansatz, Rippen und Kernen befreien und in etwa 3 cm große Stücke schneiden. Die Silberzwiebeln abtropfen lassen. • Alles abwechselnd auf Grillspieße stekken. Das Öl mit der Sojasauce, dem Dill und Salz verrühren. Die aufgespießten Zutaten damit vor und mehrmals während des Grillens bepinseln. Auf dem heißen Rost – noch besser auf Alufolie gelegt oder in Folie gehüllt – von jeder Seite rund 5 Minuten bräunen.

Das paßt dazu: Salat jeder Art und Weißbrot.

Variante: Spießen Sie dünne Scheiben von Räucherspeck dazwischen mit auf.

Lachs vom Grill

Zutaten für 4 Personen:
4 Scheiben frischer Lachs, gut fingerdick, zu je 200–250 g · 4 Eßl. Zitronensaft · 2 Eßl. weiche Butter · frisch gemahlener weißer Pfeffer · Salz
Pro Portion etwa 1840 Joule/440 Kalorien

● Zubereitungszeit: etwa 20 Minuten

So wird's gemacht: Den Grill vorheizen. • Die Lachsscheiben unter fließendem, kaltem Wasser gut abspülen, mit dem Zitronensaft beträufeln und 5 Minuten ziehen lassen. • Inzwischen die weiche Butter mit Pfeffer und Salz pikant würzen. Die Lachsscheiben trockentupfen, mit gewürzter Butter bepinseln, auf den heißen Grillrost legen und von jeder Seite 5–7 Minuten grillen; dabei mehrmals mit Butter bepinseln.

Das paßt dazu: Reis oder in Folie gegrillte Kartoffeln und frischer Salat.

Mein Tip Ebenso können Sie jeden anderen nicht zu mageren Fisch – in dikken Filetstücken oder Scheiben vom ganzen Fisch – grillen.

Dorschfilet in Kräuterteig

Nach diesem Rezept läßt sich jedes Süßwasser- oder Seefischfilet fritieren. Größere Filets sollten jedoch etwa fingerdick zugeschnitten werden.

Zutaten für 4 Personen:
800 g Dorschfilet · 4 Eßl. Zitronensaft · frisch gemahlener weißer Pfeffer · 2 Eier · 100 g Mehl · Salz · 1 Tasse frische gemischte Kräuter, feingeschnitten (ersatzweise 1 Eßl. getrocknete, gerebelte Kräuter) · Fritierfett
Pro Portion etwa 1465 Joule/350 Kalorien

- Zubereitungszeit: 20–30 Minuten

So wird's gemacht: Die Filets gut waschen und trockentupfen. Mit dem Zitronensaft beträufeln, mit Pfeffer bestreuen und 10 Minuten ziehen lassen. • Inzwischen die Eier in Eigelb und Eiweiß trennen. Das Mehl mit Salz, den Eigelben und so viel Wasser verrühren, daß ein dickflüssiger Teig entsteht; die Wassermenge richtet sich nach der Größe der Eier. Die Kräuter einrühren. Die Eiweiße steif schlagen und unterziehen. • Das Fritierfett auf 180 °C erhitzen. • Die Fischfilets mit Küchenpapier trockentupfen, von beiden Seiten in den Teig drücken und einzeln je nach Größe in 8–10 Minuten goldbraun fritieren. Fritiertes auf einer vorgewärmten Platte warm stellen, bis alles fertig ist.

Das paßt dazu: Kartoffelsalat und grüner-, Gurken- oder Tomatensalat.

Variante: Wenn Sie statt der Kräuter feingestiftelte Ananas in den Teig mischen und mit Curry- und Ingwerpulver würzen, bekommt Ihr Fisch »exotischen Touch«.

Fritierte Makrelenfilets und Krabben

Zutaten für 4 Personen als Vorspeise:
150 g Makrelenfilets · 150 g eßfertige Krabben · frisch gemahlener schwarzer Pfeffer · 3 Eßl. Zitronensaft · 2 Eier · Mehl · Semmelbrösel · Fritierfett
Zum Garnieren: 1 Bund krause Petersilie · 1 Zitrone (Schale unbehandelt)
Pro Portion etwa 1855 Joule/445 Kalorien

- Zubereitungszeit: etwa 30 Minuten

So wird's gemacht: Die Makrelenfilets der Länge nach halbieren, dann quer zweimal durchschneiden und in einen tiefen Teller geben. Die Krabben in einen zweiten Teller geben. Beides mit Pfeffer bestreuen, mit dem Zitronensaft beträufeln und 15 Minuten ziehen lassen. • Das Fett auf etwa 170 °C erhitzen. • Die Eier verquirlen. Die Filets und die Krabben einzeln in Mehl wenden, durch das Ei ziehen und mit Semmelbröseln panieren. Überschüssige Brösel sorgfältig abschütteln. Die Stücke partieweise rund 3 Minuten fritieren, mit dem Schaumlöffel herausnehmen und warm stellen, bis alles fritiert ist. • Zum Schluß die Petersilienzweige waschen, gut trockenschütteln und 2 Minuten ins Fett geben. Die Zitrone in Spalten schneiden. Krabben und Fisch portionsweise anrichten; mit Petersilie und Zitrone garnieren.

Mein Tip Nach Fisch läßt sich das Fritierfett kaum, nach Hering ganz bestimmt nicht mehr verwenden. Planen Sie das ein und fritieren Sie Fisch, ehe das Fett sowieso ausgewechselt werden muß.

Fisch aus dem Ofen

In der klassischen Küche wurde früher häufig Fisch im Ofen gegart. Heute wissen wir, daß er weitaus am besten schmeckt, wenn er »à point«, also noch ganz leicht mit Biß serviert wird, und diesen Punkt kann man im Backofen kaum genau erwischen.

Ich empfehle diese Garmethode daher nur für einen ganzen, großen Fisch als dekorativen Mittelpunkt eines festlichen Essens, als Ergänzung zum Überkrusten eines noch nicht völlig durchgegarten Fischgerichts und natürlich für schmackhafte Fischaufläufe und -eintöpfe.

Garzeit (Backofen auf 180 °C vorgeheizt, Gas Stufe 2): kleinere Fische 25–30 Minuten, größere Fische 45–60 Minuten.

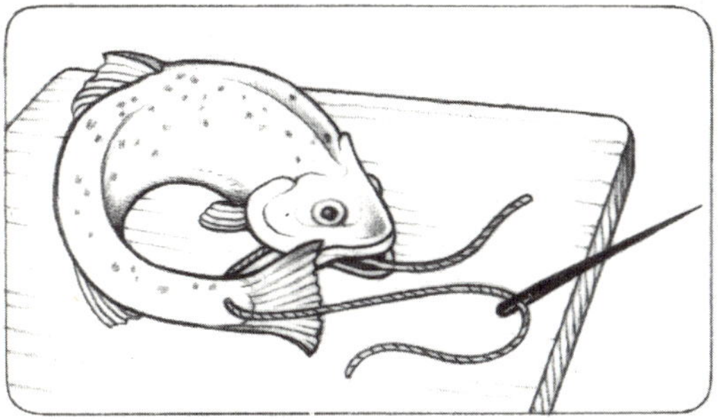

Wenn Sie nur eine runde Form haben, wird dem Fisch der Schwanz ins Maul gesteckt und mit Küchengarn (durch die Kiemen) festgebunden.

Kleinere Fische und Fischteile gelingen im Ofen vorzüglich in Alufolie (oder Pergamentpapier): Die Folie einfetten, den Fisch mit Gewürzen, Kräutern, Würzsaucen, vorgegartem Gemüse, Butterflöckchen, Krabben nach Belieben in die Folie packen und sehr gut verschließen. Es muß ein Luftpolster im Paket bleiben. Auf dem Backblech auf der Mittelschiene in den vorgeheizten Backofen schieben. Garzeit: etwa 20 Minuten, gefüllter Fisch (gelingt in Folie besonders fein) etwa 30 Minuten. Für Kruste das Paket nach etwa 15 Minuten oben öffnen (bei gefülltem Fisch nach etwa 25 Minuten) und den Fisch, mit Butterflöckchen bestreut, noch 5 Minuten übergrillen.

Auch im Bratbeutel gelingt Fisch ähnlich gut im Backofen wie in Folie. Man kann etwas Wein zufügen, sonst ähnliche Zutaten wie oben. Den gefüllten Beutel sehr gut verschließen und oben mehrmals einstechen, damit die sich in der Hitze ausdehnende Luft entweichen kann. Den Beutel auf dem kalten Rost in den auf 180 °C vorgeheizten Backofen (Mittelschiene) schieben. Garzeit: etwa 20 Minuten, je nach Größe des Fischs.

Heilbutt »Bäckerin«

Zutaten für 4 Personen:
4 Heilbuttschnitten von gut 4 cm Dicke · Salz · 4 Eßl. Zitronensaft · 50 g Butter oder Margarine · 800 g Kartoffeln · 200 g saure Sahne · frisch gemahlener schwarzer Pfeffer · 1 Knoblauchzehe · 50 g Semmelbrösel · 2 Eßl. feingehackte Petersilie
Pro Portion etwa 2510 Joule/600 Kalorien

- Zubereitungszeit: etwa 45 Minuten

So wird's gemacht: Die Fischschnitten gut waschen, trockentupfen und nebeneinander in eine große, flache feuerfeste Form legen. Mit Salz bestreuen und mit dem Zitronensaft beträufeln. • Den Backofen auf 180 °C vorheizen. • Die Kartoffeln schälen und in feine Scheibchen schneiden oder hobeln. Die saure Sahne mit Pfeffer schärfen. Die Kartoffelscheibchen um den Fisch in die Form legen, ebenfalls salzen, dann mit der Sahne begießen. Alles mit Butterflöckchen bestreuen. Den Fisch auf der Mittelschiene im Backofen 45 Minuten backen. • Die Knoblauchzehe schälen und pressen, mit den Semmelbröseln, der restlichen Butter und der Petersilie mischen. Über das Gericht streuen und weitere 5 Minuten backen.

Florentiner Fischfilet

Bild 3. Umschlagseite

Zutaten für 4 Personen:
500 g frischer Spinat · 20 g Butter ·
3 Eßl. Sahne · Salz · ¼ Teel. frisch gemahlener weißer Pfeffer · 1 Messerspitze geriebene Muskatnuß · 3 mittelgroße Tomaten · 4 Frühlingszwiebeln (junge Zwiebeln mit Grün) ·
400 g Kabeljaufilet · 2 Eßl. Zitronensaft
Für die Form: Butter oder Margarine
Für die Sauce: 20 g Butter · 20 g Mehl · ¼ l lauwarme Milch · 100 g mittelalter Goudakäse ·
1 Eigelb · Salz
Pro Portion etwa 1700 Joule/405 Kalorien

- Zubereitungszeit: etwa 45 Minuten

So wird's gemacht: Den Spinat waschen, verlesen und kurz in kochendem Wasser blanchieren; auf einem Sieb abtropfen lassen. Die Butter mit der Sahne erwärmen. Den Spinat, 1 gestrichenen Teelöffel Salz, den Pfeffer und den Muskat dazugeben und vermengen. Den Spinat in eine gefettete feuerfeste Form füllen. • Die Tomaten mit kochendem Wasser überbrühen, häuten und in Scheiben schneiden. Die Zwiebeln putzen, harte grüne Blätter entfernen und das übrige in feine Ringe schneiden. Die Tomatenscheiben und Zwiebelringe auf dem Spinat verteilen. Den Backofen auf 200 °C vorheizen. • Das Fischfilet mit dem Zitronensaft beträufeln, salzen und auf das Gemüse legen. Die Form mit Alufolie abdekken und auf der Mittelschiene in den Ofen schieben. Das Gericht 15 Minuten garen. • Für die Sauce die Butter mit dem Mehl in einem Topf hellgelb anlaufen lassen. Die lauwarme Milch angießen und alles mit dem Schneebesen kräftig verrühren. Die Sauce bei geringer Hitze einige Minuten köcheln lassen. • Den Käse reiben und in die Sauce rühren. Die Käsesauce vom Herd nehmen, mit dem Eigelb legieren, mit etwas Salz abschmecken, nach den 15 Minuten Garzeit über den Fisch gießen und alles in der unbedeckten Form noch 6–10 Minuten überbacken.

Karpfen mit knackigem Gemüse

Bild nebenstehend

Ich finde dieses Rezept leicht und frisch und gerade richtig für den an sich recht fetten Karpfen.

Zutaten für 4–6 Personen:
2 mittelgroße, ausgenommene Karpfen von je etwa 1500 g · 3 Zwiebeln · grober Steakpfeffer · Salz ·
2 Eßl. mittelscharfer Senf · je 2 gelbe und grüne Paprikaschoten · 300 g Tomaten · 400 g Lauch (Porree) · 50 g Butter · ½ Bund Petersilie ·
100 g Crème fraîche · ¼ l trockener Weißwein
Pro Portion etwa 1675–2090 Joule/400–500 Kalorien je nach Größe der Karpfen

- Zubereitungszeit: etwa 1 Stunde
- Garzeit: 45 Minuten

Den geputzten und gewaschenen Karpfen in Stücke teilen. Diese mit der Zwiebel-Senfmischung bestreichen und ziehen lassen. Das Gemüse putzen und schmoren, dieses dann in eine flache Form geben, die Karpfenstücke darauflegen. Bei 150° im Backofen 45 Minuten garen. Das übrige Gemüse blanchieren, mit dem Gemüse vom Fisch in einem Topf mit Crème fraîche und Wein verrühren und zum Fisch servieren. ▷

So wird's gemacht: Die Karpfen innen und außen gut waschen, dann unter fließendem, kaltem Wasser schuppen (siehe Seite 8). Die Fische in Hälften teilen, dann noch je nach Größe ein- bis zweimal quer durchschneiden. • 1 Zwiebel schälen und feinreiben. Mit Steakpfeffer und Salz sowie dem Senf verrühren. Die Fischschnitten damit von allen Seiten sorgfältig bestreichen und 30 Minuten durchziehen lassen. • Inzwischen die übrigen Zwiebeln schälen und feinhakken. Die Paprikaschoten vom Stielansatz, den weißen Rippen und Kernen befreien und in feine Streifen schneiden. Die Tomaten mit kochendem Wasser überbrühen. Vom Lauch die dunkelgrünen Teile entfernen, die hellen in Ringe schneiden und sehr gut waschen. • In einem nicht zu kleinen Topf die Butter erhitzen, die gehackten Zwiebeln sowie die Hälfte der Paprikastreifen und der Lauchringe darin 5 Minuten anschmoren. • Währenddessen die Tomaten enthäuten, 2 davon vierteln und beiseite stellen, die übrigen vierteln und mit zum Gemüse in den Topf geben. Das Gemüse in eine flache, feuerfeste Form füllen und die Karpfenstücke darauflegen. Die Form in den kalten Backofen schieben. Auf 150 °C aufheizen und das Gericht 45 Minuten garen. • Kurz vor Ende der Garzeit die restlichen Paprikastreifen in 1 Tasse Salzwasser 5 Minuten blanchieren und mit dem Schaumlöffel herausheben. Die übrigen Lauchringe im gleichen Wasser 5 Minuten köcheln lassen. Die Petersilie feinhacken. • Alles Gemüse salzen. Die Fischschnitten auf eine vorgewärmte Platte heben. Mit dem blanchierten Paprikastreifen und Lauchringen sowie den Tomatenvierteln belegen und warm stellen. • Das gedünstete Gemüse aus der Backform in einen kleinen Topf umfüllen, mit der Crème fraîche und dem Wein verrühren, mit Salz und Pfeffer abschmecken und mit der Petersilie verfeinern und zum Fisch reichen.

◁ Eine rustikale Spezialität sind Heringe in Sahne. Sie sind auch fern von Meeresküsten beliebt, denn sie schmecken ganz vortrefflich. Rezept Seite 54.

Mein Tip Auch Hecht, kleine Barben oder Felchen können nach diesem Rezept zubereitet werden.

Forelle »Vier Jahreszeiten«

Dieses Gericht habe ich einem Rezept des deutschen Kochkunstklassikers Walterspiel nachempfunden. Wenn Sie keine Zeit für den Fischfond haben, nehmen Sie eine gute Würfelbrühe, am besten halb Rinder-, halb Gemüsebrühe.

Zutaten für 4 Personen:
4 nicht zu große, ausgenommene Forellen · Salz · edelsüßes Paprikapulver · 1 Bund Petersilie · 150 g Butter · 2 Schalotten · 250 g frische Champignons · Pfeffer · ¼ l trockener Weißwein · ¼ l Fischfond nach dem Grundrezept auf Seite 29 · 1 Kästchen Kresse · ½ Teel. Provence-Kräutermischung, besser noch 5 Eßl. frische, feingehackte Kräuter, gemischt, wie Estragon, Rosmarin, Kerbel, Zitronenmelisse, Salbei, Schnittlauch · 3 Eßl. Zitronensaft · 2 Eigelbe · 100 g Crème fraîche · 1 Prise geriebene Muskatnuß · etwas Safran
Pro Portion etwa 1675 Joule/400 Kalorien

- Zubereitungszeit: etwa 45 Minuten
- Garzeit: 30 Minuten

So wird's gemacht: Die Forellen innen und außen gut waschen, dann trockentupfen. Salz mit Paprikapulver und der Hälfte der sehr fein geschnittenen Petersilie mischen. Die Fische damit außen und innen dick einreiben. • Eine Auflaufform dick mit Butter ausstreichen. Die Schalotten schälen und feinhacken. Die Pilze gründlich putzen, sehr gut waschen und feinblättrig schneiden. • Etwa 2 Eßlöffel Butter in einem kleinen Topf erhitzen, die gehackten Schalotten und Pilzscheibchen darin unter Rühren einige Minuten durchschmoren, salzen, pfeffern und mit ½ Tasse Weißwein aufgießen. Die Fische damit füllen, die Öffnungen mit Holzspießchen zustecken. • Die restliche Schalotten-Pilz-Masse auf dem Boden der Form verteilen, die Fische mit der Öffnung nach unten daraufsetzen. Den restlichen Wein mit dem Fischfond verrühren, leicht erwärmen und über die Fische gießen. Die Form mit einem Deckel oder Alufolie abdecken und in den kalten Backofen stellen. Auf 150 °C aufheizen. Die Kresse abschneiden, kurz waschen und gut abtropfen lassen. • Nach 30 Minuten die Fische herausnehmen und auf einer vorgewärmten Platte warm stellen. • Die Pilzsauce aus der Form in einen kleinen Topf umfüllen und mit dem Handmixstab pürieren. Bei kleiner Hitze mit dem Handrührgerät die Kräuter, die Kresse, den Zitronensaft, die Eigelbe und die Crème fraîche zufügen und alles schaumig aufschlagen. Mit der Muskatnuß, dem in wenig Wasser aufgelösten Safran, Salz und Paprika pikant nachwürzen. Die restliche Butter unterschlagen. Die Sauce zum Fisch servieren.

Das paßt dazu: trockener Weißwein und frischgebackene Blätterteigstückchen.

Mein Tip Ebenso köstlich können Sie Seezunge, Flunder, Scholle zubereiten.

Seemanns-Eintopf

Zutaten für 4 Personen:
600 g beliebiges Seefischfilet · 3 Eßl. Zitronensaft · 300 g Tomaten · 200 g Zwiebeln · 1 Knoblauchzehe · 4 Eßl. Öl · ¼ l trockener Weißwein · 1 Lorbeerblatt · ½ Teel. Pfefferkörner · Salz · 100 g eßfertige Muscheln aus dem Glas · 100 g eßfertige Krabben aus der Dose · 600 g Kartoffeln · 100 g saure Sahne · 2 Eßl. feingehackte Petersilie
Pro Portion etwa 2300 Joule/550 Kalorien

- Zubereitungszeit: etwa 20 Minuten
- Garzeit: 30 Minuten

So wird's gemacht: Das Fischfilet unter fließendem, kaltem Wasser abspülen und würfeln. Die Würfel in eine Schüssel legen, mit dem Zitronensaft beträufeln und 10 Minuten ziehen lassen. • Inzwischen die Tomaten vom Stielansatz befreien, mit kochendem Wasser überbrühen, enthäuten und grob würfeln. Die Zwiebeln und den Knoblauch schälen und hacken. • Den Backofen auf 180 °C vorheizen. • In einem Schmortopf das Öl erhitzen. Die Zwiebeln und den Knoblauch darin anbraten. Mit dem Wein aufgießen. Das Lorbeerblatt und die Pfefferkörner zufügen. Die Mischung salzen, von der Kochstelle nehmen und durchziehen lassen. • Die Muscheln und die Krabben abtropfen lassen. Die Kartoffeln schälen und in nicht zu große Würfel schneiden. Die Muscheln, die Krabben, die Kartoffel-, Fisch- und Tomatenwürfel vorsichtig unter die Zwiebelmischung heben. Das Ganze im Backofen etwa 30 Minuten garen. Den fertigen Eintopf mit der sauren Sahne und der Petersilie verfeinern.

Dorschauflauf

Zutaten für 4 Personen:
800 g Dorschfilets · 50 g durchwachsener Räucherspeck · 50 g Butter oder Margarine · 200 g Zwiebeln · 3 Eigelbe · 200 g Sahne · ¼ l Fleischbrühe oder, noch besser, Fischbrühe nach dem Grundrezept auf Seite 29 · Salz · frisch gemahlener weißer Pfeffer · 2 Eßl. gehackte Petersilie · 1 Prise Salbeipulver · 4 Eßl. Zitronensaft
Pro Portion etwa 2500 Joule/600 Kalorien

- Zubereitungszeit: etwa 20 Minuten
- Garzeit: 20 Minuten

So wird's gemacht: Die Fischfilets unter fließendem, kaltem Wasser abspülen, trockentupfen, dann sehr klein zerpflücken. Den Speck feinwürfeln und mit der Hälfte der Butter in der Pfanne ausbraten. Inzwischen die Zwiebeln schälen und feinhacken, zum Speck geben und kurz mit anbraten. Zuletzt den Fisch einrühren und kurz anbräunen. • Alles in eine feuerfeste Form füllen. Den Backofen auf 180 °C vorheizen. • Die restliche Butter in einem Topf erhitzen. Die Eigelbe mit der Sahne verquirlen. Diese Mischung langsam in die heiße Butter schlagen und weiterrühren, bis eine dickliche Masse entstanden ist. Dann die Fleisch- oder Fischbrühe einrühren. • Die Sauce mit Salz, Pfeffer, der gehackten Petersilie, dem Salbei sowie dem Zitronensaft abschmecken und über die Zutaten in der Form gießen. Den Auflauf auf dem Rost auf der Mittelschiene in den Backofen schieben und 20 Minuten backen lassen.

Das paßt dazu: grüner Salat.

Hecht im Silbermantel

Zutaten für 4 Personen:
1 ausgenommener Hecht von etwa 1500 g · Salz · frisch gemahlener weißer Pfeffer · 1 Bund Petersilie · 1 Prise getrockneter Thymian · 100 g Butter · 250 g Champignons · ⅛ l trockener Sherry · eventuell etwas Wasser oder Fleischbrühe · 200 g Crème fraîche
Pro Portion etwa 2300 Joule/550 Kalorien

- Zubereitungszeit: 1 Stunde

So wird's gemacht: Den Fisch innen und außen unter fließendem, kaltem Wasser gründlich abspülen, trockentupfen, dann innen und außen gut mit Salz und Pfeffer einreiben. Die Petersilie unter fließendem Wasser abspülen, trockenschwenken und die Hälfte davon in den Fisch legen. Den Thymian und die Hälfte der Butter in Flocken ebenfalls ins Fischinnere geben. • Den Backofen auf 175 °C vorheizen. • Den Fisch auf ein genügend großes Stück Alufolie legen und mit der übrigen Butter dick bestreichen. Die Folie (wie oben beschrieben) sorgfältig schließen, damit nichts vom kostbaren Fischsaft verloren geht. Das Fischpaket auf das Backblech legen und auf der Mittelschiene in den Ofen schieben. Den Fisch 40 Minuten garen. • Inzwischen die Pilze putzen und in feine Scheibchen schneiden. Mit dem Sherry bei kleiner Hitze 10 Minuten köcheln lassen. Die restliche Petersilie feinschneiden. • Vom fertigen Fisch den Saft abgießen und zu den Sherrypilzen rühren. Diese würzige Sauce eventuell noch mit Wasser oder Fleischbrühe verlängern. Zuletzt die Crème fraîche einrühren; die Sauce darf nun nicht mehr kochen. Mit der gehackten Petersilie verfeinern, mit wenig Salz und viel Pfeffer und eventuell noch mit Sherry abschmecken. Zum Hecht reichen.

Das paßt dazu: körniger Reis.

Der Hering kommt am häufigsten auf unseren Tisch, und er ist eigenständiger im Geschmack als jede andere Fischart, deshalb erhält er ein gesondertes Kapitel.

Zunächst ein Vorschlag: Bereiten Sie doch grünen, also unbehandelten rohen Hering einmal nach anderen Rezepten zu. Das gibt überraschende Geschmacksnuancen. Allerdings dürfen die Gewürze und anderen Zugaben nicht zu dezent sein. Wenn die Heringe frisch genug sind und besonders reichlich mit Essig oder Zitronensaft gesäuert werden, kann man sie sehr gut für alle rustikalen Fischgerichte verwenden.
Hier jedoch ein paar spezielle Heringsrezepte.

Grüner Hering

Grüne Heringe sind roh und unbehandelt. Sie werden fast immer im ganzen angeboten. So werden sie vorbereitet:

Dem Hering mit der Küchenschere von der Afteröffnung bis zum Kopf einen schmalen Bauchstreifen abschneiden. Den Kopf mit der Schere nach vorne abknicken. Der Kopf läßt sich nun mit den daran hängenden Innereien wegziehen. Den Hering nun auf eine Arbeitsplatte legen. Mit dem Daumen in der Bauchhöhle vom Kopf- zum Schwanzende auf der Mittelgräte entlangfahren und so die obere Hälfte des Fischs ablösen. Der Fisch läßt sich nun aufklappen. Die freiliegende Mittelgräte abziehen. Mit einem leicht schräg gestellten Küchenmesser die lockeren Gräten abschaben, kleine Stichgräten eventuell noch mit einer Pinzette entfernen.

Grüne Heringe können Sie in der Pfanne braten (wie Forelle, Rezepte Seite 35 und 36), auch nach Belieben innen noch mit Senf würzen oder statt einer Panade mit Speckscheiben umwikkeln. Sie schmecken aber auch gegrillt sehr gut (wie Makrele, Rezept Seite 41).

Matjeshering

Matjesheringe sind die »jungfräulichen« Heringe, auch wenn sie von männlichen Tieren stammen; Rogen und Milchner sind bei ihnen noch nicht ausgebildet. Je jünger, um so zarter sind sie. Sie sollten sie kaufen, wenn sie zum erstenmal im Jahr, meist schon im Mai, auf den Markt kommen. In Holland, ihrem Hauptfanggebiet, wird übrigens der erste Matjeshering jeden Jahres der Königin dargebracht – eine große Ehre für einen kleinen Fisch!

Wenn Matjesheringe nicht mehr zu haben sind, können Sie notfalls auf Konserven zurückgreifen. Sie werden kaum geschmacksverändert angeboten. Einlegen oder zu Heringssalat verarbeiten allerdings sollten Sie die frischen Filets. Weniger zart, doch auch zur Verwendung wie die feinen Matjesfilets geeignet, sind Filets von Salzheringen, die gut gewässert werden müssen.

Als Spezialität der norddeutschen Hausmannsküche werden zu Matjesfilets gedünstete grüne Bohnen und in Salz-Kümmel-Wasser gekochte Pellkartoffeln gereicht. Der Clou ist dazu die »Speckstippe«, reichlich mit Zwiebelstücken ausgebratene Räucherspeckwürfel.

Matjesfilets nach Hausfrauenart

Zutaten für 4 Personen:
8 Matjesfilets · 1 große Zwiebel · 1 Apfel (Boskop) · 1 große Gewürzgurke · 200 g Sahne · 200 g Magerjoghurt · Salz · grobgemahlener Pfeffer · 2 Eßl. Zitronensaft · 2 Eßl. Marinade aus dem Gurkenglas
Pro Portion etwa 1675 Joule/400 Kalorien

- Zubereitungszeit: 20 Minuten

So wird's gemacht: Die Filets, wenn sie sehr salzig sind (mit dem Finger anstippen und kosten), etwa 1 Stunde wässern. • Die Zwiebel schälen und in feine Ringe hobeln oder schneiden. Den Apfel schälen, vom Kerngehäuse befreien, vierteln und ebenfalls in feine Scheibchen zerteilen. Von der Gurke die Enden abschneiden und die Gurke würfeln. • Die Sahne mit dem Joghurt verquirlen oder aufschlagen. Mit Salz, Pfeffer, dem Zitronensaft und der Gurkenmarinade würzen. Die Zwiebelringe, die Apfelscheibchen und die Gurkenwürfel untermischen. Zuletzt die Matjesfilets dazugeben.

Das paßt dazu: mehlige Salzkartoffeln, grüner Salat und kühles Bier.

Varianten: Sie können die Sahnesauce auch mit Mayonnaise verrühren. Das ist zwar kalorienreich, doch es schmeckt sehr pikant. Oder Sie mischen Rote-Bete-Streifen und Scheiben von hartgekochtem Ei sowie Kapern in die Sauce.

Mein Tip »Wässern« Sie die Matjesfilets in Buttermilch statt in Wasser, das macht sie besonders zart.

Marinierte Heringsfilets

Auch mit diesen selbst marinierten Heringen kommt kein Fertigprodukt mit. Wenn Sie die Heringe selbst ausnehmen müssen, machen Sie es wie auf Seite 52 beschrieben.

Zutaten für 4 Personen:
4 ausgenommene Salzheringe · 2 Tassen Weinessig · 2 Tassen Wasser · 1 gestrichener Eßl. Zucker · 2 Zwiebeln · 1 Knoblauchzehe · 1 Teel. feingehackter Dill · 3 Eßl. feingehackte Petersilie · ½ Teel. getrockneter Thymian · 2–4 Lorbeerblätter · 2–4 Gewürznelken · ½ Teel. Pfefferkörner · 2–4 Wacholderbeeren
Pro Portion etwa 1000 Joule/240 Kalorien

- Vorbereitungszeit: 1 Tag
- Zubereitungszeit: 20 Minuten
- Marinierzeit: rund 1 Woche

So wird's gemacht: Die Heringe von Kopf, Schwänzen und Flossen befreien, entgräten, so wie ich es bei den grünen Heringen (auf Seite 52) beschrieben habe. Dann die Fische halbieren und rund 1 Tag in kaltes Wasser legen, damit überschüssiges Salz ausgeschwemmt wird. Das Wasser mehrmals wechseln. • Den Essig mit dem Wasser und dem Zucker aufkochen. Inzwischen die Zwiebeln schälen und in dünne Ringe hobeln. Den Knoblauch schälen und grobhakken. Die Zwiebeln und den Knoblauch mit allen Gewürzen in den noch heißen Essigsud geben. Den Sud vollends erkalten lassen. • Die Heringshälften unter fließendem, kaltem Wasser abspülen, in ein entsprechendes Porzellangefäß legen und mit dem Würzessig begießen. Das Gefäß mit einem Deckel oder Klarsichtfolie dicht verschließen. Die Heringe im Kühlschrank oder in einem kühlen Keller mindestens 1 Woche durchziehen lassen.

Das paßt dazu: sehr deftiges Land- oder Vollkornbrot oder Bratkartoffeln und Bier.

Varianten: Auch Streifen von Essiggurken und Paprikaschoten sowie halbweich gekochte Möhrenscheiben passen gut in die Marinade. Besonders fein schmeckt es, wenn Sie bei der Marinadenzubereitung das Wasser durch beliebigen Wein ersetzen. Sie können die Heringe vor dem Servieren auch noch mit frischen Zwiebelringen garnieren.

Heringe in Sahne

Bild Seite 48

Der Clou bei der Sahnesauce ist, daß Sie beim Kauf der Heringe einen Milchner mit bekommen und die Herings-»Milch« mitverwenden können.

Zutaten für 4 Personen:
8 Salzheringe mit Milchner (etwa 1 kg Fisch insgesamt) · ½–¾ l Milch · 2 Zwiebeln · 2 Äpfel · 2 Gewürzgurken · 4 Wacholderbeeren · 2–3 kleine Lorbeerblätter · ¼ l Sahne · 175 g Crème fraîche · 1 Eßl. Zitronensaft · 1 Messerspitze Piment · 2 Messerspitzen frisch gemahlener weißer Pfeffer
Pro Portion etwa 3095 Joule/740 Kalorien

- Vorbereitungszeit: 2–3 Stunden
- Zubereitungszeit: etwa 20 Minuten
- Marinierzeit: 24 Stunden

So wird's gemacht: Die Heringe abspülen, an der Bauchseite aufschneiden und ausnehmen. Die »Milch« von einem Fisch entnehmen und beiseite legen. Die Fische, wie beim grünen Hering auf Seite 52 beschrieben, vorbereiten und in Filets teilen. Die Heringshälften kurz unter fließendem, kaltem Wasser abbrausen, trockentupfen, in Stücke schneiden und 2 Stunden in die kalte Milch legen. Wenn die Fische dann noch zu salzig sind, die Zeit verlängern. • Die beiseitegelegte »Milch« des einen Fischs gründlich abspülen und fein aus der Haut, die sie umgibt, herausschaben. Die Zwiebeln, die Äpfel und die Essiggurken schälen und kleinwürfeln, von den Äpfeln dabei das Kerngehäuse entfernen. Die Fischstücke aus der Milch nehmen und mit Küchenpapier trockentupfen. • Die Wacholderbeeren zerdrücken, die Lorbeerblätter zerbröseln. Die Sahne mit der geschabten Heringsmilch, der Crème fraîche, dem Zitronensaft, den Zwiebel-, Apfel- und Gurkenwürfeln sowie den Wacholderbeeren und den Lorbeerblättern verrühren. Mit dem Piment und dem Pfeffer herzhaft abschmecken. • Einen Steinguttopf schichtweise mit Heringsstücken und Sauce füllen und zugedeckt 24 Stunden durchziehen lassen.

Das paßt dazu: Pellkartoffeln und Bier.

Bückling-Varianten

Bückling ist grüner, nicht ausgenommener, geräucherter Hering. Er wird meist pur mit Brot gegessen. Wie er außerdem noch köstlich schmeckt, möchte ich Ihnen hier verraten:

Bückling mit Zwiebel

Bücklingsfilets zerpflücken, mit frisch gemahlenem weißem oder schwarzem Pfeffer oder mit Paprikapulver bepudern und mit feingehackter Zwiebel mischen. Auf rustikalem Brot anrichten.

Bückling-Rührei oder -Eierkuchen

Zerpflückte Bücklingsfilets ohne Fett in der Pfanne unter Wenden anrösten, dann verquirltes Ei darübergießen. Sie können auch einen Omeletteteig in die Pfanne gießen und Eierkuchen backen. Zu beidem paßt frischer Salat ausgezeichnet.

Feine Bücklingsvorspeise

In Streifen geschnittenes Bücklingsfilet mit Scheiben von hartgekochtem Ei und gehackten Pfeffergürkchen auf kleinen Tellerchen anrichten. Zerdrücktes hartgekochtes Eigelb mit Senf, Sherryessig, wenig Öl, viel kleingeschnittener Zwiebel und etwas getrocknetem Kerbel verrühren und über die Vorspeisenzutaten träufeln.

Rezept- und Sachregister

Kursiv gesetzte Zahlen verweisen auf Farbbilder.

Rezept- und Sachregister

Eine beliebte Spezialität ist das Florentiner Fischfilet, denn Fisch, Spinat und Käse ergänzen sich vortrefflich. Rezept Seite 46. ▷